학교교육의 대안 찾기-학교는 혁신할 수 있고, 지속 가능한가

혁신학교 조현초
4년의 기록

혁신학교 조현초
4년의 기록

2019년 2월 15일 처음 펴냄

지은이 이중현
펴낸곳 (주)우리교육
펴낸이 신명철
편집 윤정현
영업 박철환
경영지원 이춘보
디자인 최희윤
등록 제 313-2001-52호
주소 03993 서울특별시 마포구 월드컵북로 6길 46
전화 02-3142-6770
팩스 02-3142-6772
홈페이지 www.uriedu.co.kr

ⓒ 이중현, 2019
ISBN 978-89-8040-880-1 03370

이 도서의 국립중앙도서관 출판시도서목록(CIP)은
서지정보유통지원시스템 홈페이지(http://seoji.nl.go.kr)에서 이용하실 수 있습니다.
(CIP 제어번호:CIP2019003238)

학교 희망 보고서

학교교육의 대안 찾기 – 학교는 혁신할 수 있고, 지속 가능한가

혁신학교 조현초 4년의 기록

이중현 지음

우리교육

들어가며

조현초등학교(이후 조현초) 4년은 단위 학교 차원의 비전으로는 너무 거창할지 모르지만 '우리나라 학교교육의 대안 찾기'였다. 달리 말하면 '학교는 혁신할 수 있고, 지속가능한가?'라는 물음이었다.

이것이 조현초에서 4년(2007~2011)을 교장으로 일하게 된 동기이자 목적이었고, 조현초의 정체성이자 혁신학교로서의 지향이기도 하다. 또 조현초의 동료들이 헌신적이었던 이유도 여기에 있었다고 본다.

조현초의 혁신교육을 위한 기획 방향은 부분적인 접근이 아닌 총체적인 접근, 민주적 조직 운영을 넘어 창의적인 교육 내용 마련, 가치나 비전을 공유하기 위한 활동이 그 핵심이었다.

총체적인 접근이란 학교 혁신을 위해 연구학교나 시범학교처럼 어느 부분을 강조하는 것이 아닌, 교육과정 운영 전반과 조직 운영 전반에서 변화를 꾀하는 일이다. 창의적인 교육 내용 마련은, 교사들의 입장에서는 아직 많은 학교에서 민주적인 조직 운영이 요구되지만 그것의 목적은 창의적인 학교 교육과정 운영이란 점을 강조하는 것이다. 가치나 비전의 공유는 학교를 혁신하기 위한 동력이라는 점에서 핵심으로 삼았다.

왜 전국의 학교가 교육 내용이 동일해야 하는가? 학생들은 99%의 시간을 수업으로 보내고, 학생과 교사의 만남 99%가 수업인데 그 수업은 학생들의 성장에 어떤 의미를 갖는가? 학년 단위의 일제고사, 그것도 객관식 평가 중심은 문제가 없는가? 평가는 학생의 성장을 돕는가, 방해하는가? 도농 격차의 해소 방안은 무엇인가? 학교가 지역사회에 기여할 수 없는가? 진정한 학력은 무엇인가? 사교육 문제, 평준화와 비평준화 갈등, 수월성과 형평성, 교육의 다양화에 대한 진정한 대안은 무엇인가?

이런 질문의 답을 조현초에서 찾고자 했고, 만족할 정도는 아니라고 해도 조현초 4년의 성과는 학교 정책의 방향에 일정한 시사점을 줄 수 있다고 본다. 물론 4년의 운영으로 어떻게 단정할 수 있느냐고 반문할지 모르지만, 경기도 여러 혁신학교의 변화가 그 가능성을 증명하고 있다.

조현초가 이후 맞은 시간들도 큰 의미를 갖는다. 지난 4년 동안 부족했던 문제나 과제를 검토하여 교육 내용의 지속가능성과 질적 발전을 확인하게 될 것이고, 교장이 바뀌어도 그동안 함께한 조현초 교육의 지향은 바뀌지 않는다는 것을 증명하게 될 것이다. 이 문제는 우리나라 많은 학교들이 역사는 수십 년이 되어도 교육력의 축적이 없는 문제에 대해 의미 있는 대답을 줄 것이다. 이렇게 믿는 이유는 무엇보다 우리 교육을 혁신하고자 하는 열정적인 동료들이 있고, 함께하는 학부모들이 있다는 점에서 그렇다.

이제 혁신학교는 17개 시도교육청 전체로 확산되고 있다. 2018년 3월 현재, 전국에 1,525개의 혁신학교가 운영 중에 있다. 조현초의 혁신을 위한 시도는 2007년부터 시작되었고, 2009년에는 경기도교육청에서 혁신학교가 추진되면서 지정을 받아 현재도 운영 중에 있다.

벌써 10년의 시간이 흘렀다. 이 10년의 시간 동안 조현초가 어떤 문제와 성과가 있었는지 살펴보는 것은 혁신학교의 지속가능성에 대해 많은 시사를 할 것으로 보인다.

이 책은 2011년에 출판된 조현초 4년의 기록이지만, 이후의 시간들에 대한 검토가 필요하다는 뜻에서 내용의 수정 없이 다시 제목을 바꿔서 출판하게 되었다. 현재 조현초에서는 2011년 이후 현재까지 교육 활동과 학교운영에 대한 기록을 준비 중이다. 이렇게 된다면 조현초 12년의 기록이 완성되는 셈이다. 그것은 학교 혁신은 지속가능한지, 어떤 문제와 한계가 있었는지, 그 대안은 무엇인지를 체계적으로 정리하는 데 큰 의미를 가질 수 있다.

현재 혁신학교의 전국적 확산과 함께 초기의 자발성과 혁신성이 약화되었다는 일부 지적이 있기도 하다. 이 역시 무엇이 문제이며 극복 가능한지를 조현초의 다양한 사례로 살펴볼 수 있을 것이다.

이 책은 조현초의 교육 활동을 자세히 소개하기보다는 조현초가 어떤 교육적 논리를 가지고 교육 활동을 기획했는가에 초점을 둔 책이다. 아무쪼록 이 책이 혁신학교의 발전을 위한 작은 사례로 참고되었으면 한다.

2018년 10월

이중현

차례

1.

살아 숨 쉬는 학교를 꿈꾸며

작은 희망을 보다

1995년경으로 기억된다. 나는 당시 전국의 여러 교사들과 '새 학교 만들기'를 위한 교육 내용과 학교운영 방식에 대한 연구를 시작했다. 80년대 후반부터 90년대 중반까지 많은 교사들의 관심은 학급운영이나 교과, 주제 중심-환경, 성평등, 통일, 미디어 등-의 교육 활동에 있었다. 나름대로 소중한 의미가 있었지만, 그 영향력은 학교 안에서 그런 활동을 실천하는 한 교사, 한 학급에 머물렀다.

또 90년대 초반에는 초등학교를 중심으로 '열린교육' 열풍이 불어닥쳤다. 이미 미국에서는 60년대, 일본에서는 70년대에 시작한 열린교육이 우리나라에 오기까지는 20~30년이 걸렸다. 그동안 열린교육의 철학이나 방법을 수용하기에는 획일적인 우리 교육 풍토가 장애물이었지만, 절차적 민주주의가 진행되고 지식정보화 시대를 맞이하는 90년대 초반은 우리 교육에서도 새로운 패러다임을 요구하게 되었다.

하지만 아쉽게도 열린교육은 학교 시스템의 총체적인 변화보다는 수업 방법의 변화에만 머물러서 많은 아쉬움을 남겼다. 총체적인 변화를 가져오기에 우리 교육의 벽은 완강했다. 역시 우리 교사들의 관심은 교실, 특히 수업에 국한될 수밖에 없었다. 그러나 적어도 관 주도의 열린교육으로 방향 전환이 되기 전까지 교사들이 보여준 자 발성은 우리 교육 역사에서 보기 드문 집단 경험이었다.

한편 학교 바깥에서는 제도교육의 문제를 극복하기 위한 대안교 육 운동이 한창이었다. 초기 대안교육 운동이 활발하게 진행될 때 모 임에 몇 차례 참석하면서 내가 생각한 것은 학교 바깥에서 대안교육 도 의미가 있지만 제도교육을 변화시키지 않는 한 부분적인 변화에 지나지 않는다는 점이었다. 그래서 나는 대안교육이 아닌 제도교육 의 변화를 위해 일하고 싶었다.

그런 점에서 95년경에 시작한 '새 학교 만들기'는 89년 전교조 결 성 이후의 교육 실천 활동과 대안교육 운동, 열린교육의 성과와 한계 를 극복하기 위한 시도였다. 핵심 내용은 '교육과정의 재구성'과 '학 교운영 방법의 개선'이었다. 곧 교사 개인 차원이나 개별 교과, 학급 운영을 넘어 모두가 함께하는 교육과정을 중심으로 한 학교운영의 관점에서 접근하고자 했다.

당시 내가 구상한 '새 학교'를 '작은 학교, 큰 교육'이란 슬로건으로 정리했다. '작은 학교'는 우리가 만들려는 학교의 형식이고, 여섯 학 급 규모의 학교만을 말하는 것이 아니라 거대 학교지만 학년 단위를 하나의 학교로 보고 자율성을 주는 개념의 작은 학교였던 것이다.

'큰 교육'이란 시대 변화에 맞게 교육과정을 재구성한 '참교육과정'을 의미했다.

참교육과정의 구성은 6차 교육과정의 교과, 특별활동 등 두 개 영역에서 통합학습을 추가하여 세 개 영역으로 재구성할 계획이었다. 통합학습으로 열세 개 주제를 선정했는데 ①환경 ②통일 ③민족 ④노동 ⑤삶 ⑥경제 ⑦미디어 ⑧건강 ⑨취미 ⑩나와 이웃 ⑪고장 ⑫국가와 세계 ⑬우주 등이다. 6차 교육과정에서 이 주제에 관련된 전 교과의 목표와 배당된 시수를 통합하여 운영할 예정이었다.

통합학습의 필요성은 지식과 정보의 급증에 대비한 자기 주도적 학습력을 기르고, 삶이 기능적으로 나누어지지 않듯이 아이들의 학습도 통합된 내용을 학습하면서 삶의 태도와 가치를 깨닫게 하자는 취지였다.

새 학교의 운영 방식으로 선택한 '작은 학교'는 학생 수, 학급 수의 정도에 따라 작은 학교라고도 하지만 학년 단위 규모를 하나의 학교로 본다는 의미의 작은 학교인 것이다. 결국 학교 안에 있는 또 하나의 학교를 말한다.

작은 학교는 학년 단위로 자율적인 교육과정을 운영하는 것을 핵심으로 삼았다. 교육과정뿐만 아니라 행사도 학교 전체의 행사로 하던 것을 협의하여 작은 학교별 행사로도 가능하게 했다. 그러기 위해 예산을 작은 학교의 학년 단위로 배분하는 것도 고려했다.

그러나 1년 6개월 정도 진행되다가 '새 학교 만들기' 구상은 좌초하고 말았다. 좌초의 원인은 참여했던 핵심 교사들이 '새 학교 만들기' 사업 외의 과도한 업무 부담에 시달려서 충분히 역량을 발휘하기 어려운 데 있었지만 보다 중요한 것은 사업 목표 자체가 우리 교육 현실에서는 다소 무리한 것이었다는 점이다. 그 일을 수행할 수 있는 준비된 교사가 부족했고, 당시 학교운영이 경직되어있었던 것이다.

'작은 학교, 큰 교육'이란 슬로건으로 시작한 '새 학교 만들기'가 아쉽게도 중단되었지만 나에게는 소중한 성과도 있었다. 학교 개혁을 위한 전국적인 실천 운동보다는 구체적인 사례를 통한 확산이 더 중요하다는 생각을 하게 된 것이다. 또 '새 학교 만들기' 사업을 추진하는 동안 개인적으로 내 학급(4학년)을 대상으로 2년 동안 '새 학교 만들기' 사업을 실천한 성과는 나에게 소중한 경험이었다. 아쉬운 점은 학교(학년)운영 차원이 아니라 내 학급에서의 운영에 그쳤다는 점이다.

새로운 학급운영은 학교 전체적인 시간표와 관계없이 운영하였고, 생활지도, 학급운영과 관련되는 활동을 교육과정 운영으로 편성했다. 교과 지도는 동일 교과 2차시를 연속적으로 배치하고, 적정 시간을 나누어 새롭게 추가되는 활동 시간으로 편성하였다.

주요 활동을 소개하면 모둠별 영화 제작, 마을 문화유적 답사, 농사짓기, 들꽃 관찰 등 주로 교사의 계획에 따른 '모둠 활동 1', 모둠별 주간 활동의 반성과 계획 수립 시간, 주제학습, 협동학습, 자유 시간, 부별 활동, 학급 행사 의논을 위한 '모둠 활동 2', 개인별, 모둠별 연구 시간, 조사학습이나 교과와 관련되거나 기타 내용을 개인 혹은 모둠별 계획에 의해서 자율적으로 실천하는 '주제학습', 모둠별로 의논하여 교과 중심으로 활동하는 시간으로서 협동하여 학습하면서 더불어 살아가는 자세를 갖는 것을 목적으로 하는 '협동학습', 학생 개인이 자유롭게 활용할 수 있는 시간을 주는 쉬는 시간 이외 20분 간의 '자유 시간', 아이들이 스스로 기획하고 실천하는 다양한 학급 행사 시간인 '학급 행사'가 그것이다.

새로운 학급운영은 아침 활동과 주제학습의 준비 및 검토, 모둠 활동의 준비와 정리 활동, 자유 시간의 개인별 활동 점검 등등 모든 부분에서 세심한 관찰과 면담이 필요했다. 그 밖에도 자료를 준비하고 4학년에 알맞게 구성하는 데 많은 시간이 소요되었다. 거의 매일 복사기와 컴퓨터를 떠날 수 없는 사정이었다. 다음날 활동 준비를 잊고 시간을 맞이할 경우 거의 활동을 할 수 없는 상태였다. 그 이유는 활동 내용이 새로운 것이라서 준비 없이는 실천하기 어렵기 때문이다.

뿐만 아니라 교과 지도까지 통합적 운영과 개별 지도를 위한 자료 준비, 그 밖에 기타 활동 내용을 다양화하기 위한 준비를 한다고 할 때 그 부담은 엄청났다. 게다가 95학년도에 내가 맡은 학교 업무는 체육, 비품 업무였다.

다시 시간이 흐르고 99년부터 2년간은 아무것도 할 수 없이 바쁜 시기를 보냈다. 합법 초대 경기지부장을 맡게 되었기 때문이다. 2000년 12월경, 함께 일하던 서길원, 안순억 선생님이 남한산초등학교(이후 남한산초)에 가고 싶다는 이야기를 했다. 지부에서 서길원 선생님은 기획실장, 안순억 선생님은 참교육실천위원장을 맡아 일을 했다. 모두 자기 영역에서 많은 일을 하는 분이었지만, 지부 일로 고생도 참 많이 한 사람들이기도 하다. 또 학교 개혁을 갈망하고 있었지만 우리가 할 수 있는 일과 할 수 없는 일이 무엇인가도 잘 알고 있었다.

당시 남한산초는 전교생 20~30명으로 폐교 직전의 학교였는데 성남 지역의 일부 학부모들과 서길원, 안순억 선생님이 만나서 새로운 학교를 만들 계획을 진행하고 있었다. 나는 이들의 역량이라면 혼자라도 새로운 변화가 가능할 것으로 생각했는데 둘이서 함께 간다니 남한산초의 변화에 큰 기대를 걸었다.

기대대로 남한산초는 하루가 다르게 변화를 거듭하고 있었다. 그후 나는 2002년에 학교로 복귀하였다. 학교에 오니 지난 시간들이 주마등처럼 떠올랐다. 미완의 '새 학교 만들기', 대안교육, 열린교육의 아쉬운 한계, 한 학급의 새로운 운영 경험…. 지금까지는 학교의 변화가 아닌 한 학급에 머문 변화였지만, 남한산초의 변화 사례는 학교도 변할 수 있다는 확신을 주었다. 그러나 남한산초의 사례는 그동안 '새 학교 만들기'에서 시도하려던 교과 영역의 변화와 교육 내용, 수업, 평가의 일관성 있는 학교 교육과정 체계에 보완이 필요하다는 것을 일깨워 주었다. 그것을 어떻게 보완할 수 있을까 하는 것이 내 고민이었다.

나는 복귀한 신설 학교에서 특별활동 부장을 달라고 하여 우선 학교의 특별활동 영역 변화를 시도했다. 이것을 바탕으로 교과 영역까지 확산할 계획이었는데 학교 전체의 변화를 시도하기 전에 학년 단위의 시범 운영을 통해 사례를 만든 다음 학교 전체로 확산할 계획이었다. 3년 계획으로 1년차는 특별활동 운영 개선, 2년차에 학년 교육과정 운영 개선, 3년차는 전 학년 적용이 목표였다.

2년차까지는 무난히 간 것 같은데 전 학년 적용은 무리였다. 2년차 우리 학년의 시범 운영을 본 많은 선생님들이 부담스러워했다. 업무 부담이 크다는 것이었다. 선생님들의 반응은 당연하다고 봤다. 그래도 한두 학년이라도 동참하겠거니 했는데 그게 아니었다. 신설 학교라서 학급 증설로 전입 교사들이 많이 와서 공감대를 형성하는 데 어려움도 있었지만 학교 차원에서 지원도 약했고 오로지 우리 학년과 특별활동 부서의 자발적인 노력에 기댈 수밖에 없었다. 결국 학교의 변화를 위해서는 교사들의 자발성과 교장, 교감의 학교 교육 비전에 대한 공유와 지원이 결합되지 않으면 동력이 약해질 수밖에 없다는 사실을 절감했다. 둘 중 어느 하나라도 약화되면 그만큼 변화의 동력을 잃을 수밖에 없다. 그러나 여기서도 성과는 있었다. 지금까지 학급 차원을 넘어 학년 단위의 교육과정 변화를 경험했고, 그것을 통해 아이들의 삶이 어떻게 바뀌는지를 확인했기 때문이다.

대상 학년인 4학년 교육과정의 주요 내용을 보면 교과 영역에서 교육과정을 재구성한 통합학습을 중요하게 운영했는데 진로교육, 성교육, 성평등교육, 전통문화, 환경교육을 네 명의 담임이 한 주제씩 맡아서 교환 수업을 진행했다. 그리고 필독 도서를 교재화했으며 재량활동 영역에서는 다모임학습, 주제탐구학습, 독서학습을 도입했고, 특별활동에서는 주별로 어울마당, 학급회, 학급 자율 활동, 동아리 활동으로 구성했다.

교장공모제를 만나다

2006년, 참여정부 말기에 대통령 자문 교육혁신위원회 위원으로 일했다. 상임위원으로 일하면서 내가 맡은 과제는 '학교 혁신'이었다.-참여정부 시절 학교 혁신이라고 하면 많은 오해가 있을 수 있다. 당시 행정적으로 내려오던 학교 혁신과는 이름만 같을 뿐이지 전혀 다른 성격이고 오히려 그 문제를 해결할 수 있는 정책이라는 점에서 다른 과제였다.-그 당시에는 초등에서 경기 남한산초, 충남 거산초, 전북 삼우초, 상주 남부초 등에서 학교 혁신의 사례가 많이 알려진 상태였다. 내가 할 학교 혁신의 과제도 그러한 학교가 많이 확산될 수 있는 제도적 기반을 만드는 일이었다.

무엇보다 그 당시 교육혁신위원회에서 교장공모제가 추진되고 있었다. 이 교장공모제와 학교 혁신 정책이 결합되어 추진되도록 하는 것이 내 업무의 목표였다. 다시 말해서 교장공모제만 시행될 때 그 목적은 학교 혁신이라고는 하지만 그동안 교장초빙제가 그러했듯이 임기 연장 수단이나 또 다른 교장 승진 경로에 지나지 않을 것이란 우려 때문이었다. 교장공모제가 시행된다면 학교 혁신이라는 과제를 수행할 수 있도록 제도화하지 않으면 교장공모제의 취지를 살릴 수 없다는 판단을 했다. 그리고 교장 한 사람의 변화로 학교 혁신을 가져오기에는 한계가 있다는 점을 보완하기 위해 공모 교장과 함께 근무할 교사들과 팀별 공모를 검토했지만 의견이 분분했다.

지금 와서 생각해보면 그것이 반영되지 않은 점이 참으로 아쉽다. 우려했던 것처럼 교장공모제 역시 초빙제처럼 임기 연장의 수단으로 활용되는 사례가 빈번했다. 제1기 교장공모제로 선출된 90%가 모두 임기 연장의 수단이었다는 점을 공모 교장 연수에서 확인할 수 있었다. 그리고 공모 교장이 부임했지만 교사들과 공감대 형성이 어려운 조건에서 공모제로 인한 학교 혁신은 내가 기대한 것과는 많이 다른 모습일 것이라고 생각되었다.

어쨌든 교육혁신위원회에서 처음에는 교장공모제와 학교 혁신 정책을 결합한다고 하다가 나중에는 분리시켰고, 아예 학교 혁신은 실종되고 말았다. 이유는 몇 가지 있었다. 공모 교장만 해도 힘든데 거기다가 학교 혁신이라는 과제를 주면 지나치다고 하는 의견과 학교 혁신을 명분으로 교장공모제의 지나친 확산을 차단하자는 일부 의견이 있었다. 공모제가 갖는 정치적 부담을 최소화하자는 생각이었을 것이다. 당시 일부 교원 단체에서 교장공모제에 대한 반발이 심했던 상황을 보면 어느 정도 이해가 간다. 그만큼 내부의 반발도 있었고, 설득하기에 역부족이었던 점도 있었다. 이런 과정을 지켜보면서 과연 교장공모제가 안착되어 학교의 변화를 가져올 수 있을까 하는 의구심을 갖게 되었다.

교장공모제가 확정되자 나는 공모 교장에 응모하기로 했다. 95~96년에 시도한 '새 학교 만들기'를 완성하고 싶은 생각도 있었고, 교장공모제의 제대로 된 사례를 만들고 싶은 생각도 있었다. 나는 계속 나 자신에게 확인했다. '교장이 되려는 것이 아니라 학교 혁신을 위해 교장이라는 수단을 갖고 싶다'고.

학급, 학년운영을 넘어 이제 학교운영을 통해 학교가 어떻게 변화할 수 있는지와 교장공모제 정책의 올바른 지향이 어떠해야 하는가를 실천적으로 검토해보고 싶었다.

2007년 여름, 뜨거웠던 공모 과정

공모 과정에서 가장 힘들었던 두 가지가 있었다. 하나는 학교운영 계획을 제대로 준비하는 일이었고, 다른 하나는 교장공모제를 둘러싼 정치적 이해관계를 극복하는 일이었다.

공모 교장으로서 학교운영계획서를 작성, 제출해야 하는 시기는 그리 넉넉하지 않았지만 그동안 쌓은 학급, 학년, 학교 업무의 경험을 가지고 어느 정도 준비할 수 있었다. 그리고 주변에 함께할 교사들이 도와주어서 큰 문제가 될 건 없었다. 다만 4년간의 프로젝트로서 완성도의 문제가 있는데 이것은 공모 과정이 종료된 이후에도 충분히 보완할 수 있으니 그리 걱정은 되지 않았다. 실제로 2007년 9월 1일 자로 부임한 이후 공모 당시 작성된 학교운영계획서를 바탕으로 조현초 선생님들과 수정, 보완하는 작업을 5개월에 걸쳐 진행하였고 그때 계획된 내용이 현재까지 큰 변화 없이 진행되고 있다.

공모 당시 계획서는 명칭이나 내용, 방법 등이 부임 이후 많은 변화를 거치면서 다시 정리되었다. 공모 당시에는 조현초의 실태를 분석한다고는 했지만 충분하지 못했고, 더 중요한 것은 조현초 선생님들과 협의하는 과정에서 내용이 더 풍부하게 계획되거나 조정되었기 때문이다.

문제는 공모 과정에서 학교운영을 고민할 겨를이 없었다는 점이었다. 교육적인 것과는 아주 거리가 먼 일로 시달려야 했다. 조현초는 교장공모제에서 교사도 지원할 수 있는 내부형 공모여서 교장들의 반발이 거셌고 더구나 전교조 출신이었으니 더욱 공격적이었다.

어느 정도 예상을 했지만 지역의 일부 교장들의 반발로 조현초의 학교운영위원회, 교원, 학부모들은 교장 공모의 취지에 맞는 교장을 어떻게 선출할 것인가를 가지고 논의하지 못하고, 전교조 출신, 교장 자격증이 없는 응모자라는 걸로 논의가 왜곡되었다. 교장공모제가 처음 시도되는 데다 교장공모제를 둘러싼 정치적인 환경이 그러하니 어쩔 수 없는 것이긴 해도 정책 집행 과정에서 무척 아쉬운 대목이었다.

지금은 본질적이지 못한 문제로 왜곡되는 경향이 초기보다 무척 약화된 상황이어서 다행이나 그 학교에 적합한 좋은 교장을 선출하는 학교운영위원회와 학부모회의 노력이 좀 더 적극적일 수 있도록, 다시 말해 교육적 논의에 충실한 교장공모제가 되고, 학부모들이 선출한 교장에 대해 함께 참여하면서 책임도 지는 풍토가 되었으면 하는 생각이 간절하다. 왜냐하면 교장공모제는 학부모에게 교장 인사권을 어느 정도 위임한 형태이기 때문이다.

어쨌든 우여곡절 끝에 조현초에 부임하게 되었다. 부임하면서 다시 한번 내 역할에 대한 생각을 되새겼다. '나는 교장을 하러 온 게 아니고 학교 혁신을 위해 왔다'는 것과 '지금은 학교운영위원회, 교직원, 학부모들이 공모제를 둘러싸고 일정한 갈등이 있지만 시간이 지나 학교의 변화를 실감하면 해결될 수 있다'는 믿음이 그것이었다. 그리고 자신도 있었다. 조현초에는 내 비전과 계획에 동의하는 선생님들이 여럿 있었고, 바깥에서도 함께 근무할 교사들이 대기하고 있었으니까. 단순히 함께한다는 의리나 이해관계가 있었던 것이 아니라 학교 혁신에 대한 열망이 높고 그것을 위해 그동안 개인적으로 노력해 온 교사들이었다. 따라서 조현초의 지향에 대한 공감대가 일정하게 이루어진 상태여서 실천력이 높을 수밖에 없었다. 조현초가 어느 정도 성공했다면 이 부분이 가장 중요하게 작용했다는 생각이다.

논의를 시작하다

2007년 10월부터 조현 교육을 리모델링하기 위한 작업이 시작되었다. 많은 사람들이 교장 리더십 이야기를 한다. 나는 내 리더십이 어떠한 유형인지 잘 모른다. 남들은 어떻게 볼지 모르지만 분명한 것은, 조현초가 지향하는 것은 공교육의 문제점을 극복할 수 있는 하나의 모델이 되어야 한다는 것이었다. 그것을 수행할 수 없다면 내가 교장을 할 이유가 없는 것이다. 조현초의 여러 교사들이 이 부분에 대해서 공감하고 있기 때문에 실행하는 데도 큰 문제가 없었다.

학교장이나 구성원이 '공교육의 문제점을 극복하는 대안 학교'를 비전으로 갖는 것과 '영어교육에 충실한 학교' 혹은 '독서교육을 통한 인성교육에 충실한 학교'라는 비전을 갖는 것은 매우 다르다.

그리고 비록 조현초의 지향에 동의하는 교사들이 모였다 해도 서로 다른 경험과 방법의 차이는 있는 법이다. 그런 점에서 2007년 10월부터 2008년 2월까지 2008학년도 학교교육계획이 수립되기까지 내 역할은 선생님들이 비전과 가치를 공유할 수 있도록 집중적인 논의를 돕는 일이었다. 지금 생각하면 충분하지는 않았지만 그 정도의 공유가 있었기 때문에 교사들의 열정과 자발성이 보태어져 2008학년 학교교육계획이 완성될 수 있었다고 본다.

비전과 가치의 공유와 함께 조현 교육과정에 대한 이해와 실행 프로그램을 마련하기 위한 수많은 연수를 가졌다. 또 전문성을 키우기 위한 다양한 연수를 외부 강사와 함께 진행했다. 왜 학교 교육과정의 변화가 필요한가? 학년 교육과정을 어떻게 준비할 것인가? 우리 교육의 과제와 조현초의 지향은 무엇인가? 새로운 학교운영을 위해 노력하는 학교들 사례, 학교 자체 통지표 개발과 평가 관점, 문화예술 교육과정 도입 방안, 학교 자율화의 의미와 우리 학교 교육 활동, 학교 교육과정 편성, 학교 교육과정과 평가, 수업을 통한 학교교육 변화, 연극 놀이의 수업 활용, 협동학습의 방법, 학교교육과 문화예술교육, 요즘 아이들을 이해하는 몇 가지 코드 등이 초기 연수의 주요 내용이었다.

또 교사들은 '스쿨디자인21', '작은학교교육연대' 등의 교사 모임의 참여로 이어져 같은 고민을 하는 다른 교사들과 정보를 교환하고 새로운 교육에 대한 의지를 키워 나갔다. 초기 논의 과정에 참여했던 교사들의 소감을 보면 당시의 분위기를 짐작할 수 있다(《학교를 바꾸다》에서 인용).

"제가 느낀 첫 번째 변화는 학교 사업의 공개적 추진이었습니다. 예를 들면 '학교 건물 외벽을 새로 칠할 건데 어떤 색을 쓸까? 어떻게 디자인할까? 생태 공원화 사업을 추진할 건데 어디에 무엇을 설치하면 좋을까?' 등을 결정하는 데 회의를 열어 교직원들의 의견을 반영하는 것이었습니다. 별거 아니라고 생각할 수도 있지만 이것은 민주적 의견 수렴 절차 이상의 의미를 지니고 있습니다. 사업의 투명성 확보를 통해 사업에 대한 구성원들의 신뢰도와 관심을 높일 뿐 아니라 학교 구성원들을 학교 사업의 주체로 끌어들임으로써 조현이라는 공동체의 결속력을 다지는 효과까지 거둘 수 있었습니다. 어느 날 갑자기 학교 안에 중장비가 들어와 공사가 시작되어도 무슨 영문인지 몰라 어리둥절했던 수많은 경험에 비추어 보면 그 자체만으로도 혁신이라 할 만했습니다."

_ 교사 이규황

"군 복무를 마치고 2006년 10월에 조현초로 첫 발령을 받아 왔습니다. 학교생활에 어느 정도 적응하면서 생활하는데 갑자기 교장공모제를 통해서 새로운 교장 선생님이 온다고 학교가 분주하였습니다. 그때까지만 해도 저는 '새 교장 선생님이 온다고 얼마나 학교, 아이들이 변하겠는가?' 반신반의하면서 그냥 넘어갔습니다. 그리고 교장 선생님이 부임해오셨습니다. 우리 교사들에게 주어진 첫 번째 과제는 내년도 학급 교육과정의 핵심인 교육과정 9형태 계획이었는데 며칠 동안 연수를 해도 뭐가 뭔지 잘 이해가 안 되었습니다. 그래서 퇴근 시간을 넘기면서까지 학교에 남아있곤 했죠. 솔직히 좀 힘들기도 했지만 내가 아이들을 위해 새로운 것을 만든다는 생각에 시간 가는 줄 모르고 했습니다. 새로운 교육과정이 이해가 안 되면 수시로 교장 선생님한테 여쭈어보는 것을 반복했는데 자주 설명을 해주셔도 제가 잘 이해하지 못했으니 아마도 교장 선생님이 많이 힘드셨을 겁니다."

_교사 최인환

"공모제 학교의 교사로서 아이들을 잘 가르쳐야 한다는 생각과 함께 우리 학교를 공교육의 모델로 만들고 싶다는 교장 선생님의 말씀에 부담이 더 생겼죠. 처음 시작할 때는 막막하기만 했고요. 하지만 교장 선생님은 혼자서 앞서가는 분이 아니라 회의를 통해 함께 고민하고 자세히 안내해주시며 교사들과 함께 학교를 꾸려가셨습니다. 전반적인 학교 분위기가 민주적으로 바뀌었다고나 할까요."

_교사 이소영

한편 고민을 많이 했던 문제는 학교 변화의 폭을 전면적으로 가져갈 것인가, 연차별로 단계적으로 할 것인가 하는 문제였다. 어느 것이나 장단점은 있겠지만, 우리는 전면적인 변화를 시도했다. 그 이유는 단계적으로 할 경우 해마다 늘어나는 업무에 지칠 가능성도 있고, 변화를 실감하지 못할 경우 지지부진해질 우려 때문이었다.

전면적인 변화는 첫해 업무 강도가 심하겠지만 익숙해지면 해마다 줄어들 수 있다는 점과 전체적인 변화의 상을 그리고 실천하는 동안 일정한 기간이 지났을 때 다시 새로운 기획을 체계적으로 할 수 있기 때문이다. 또 기획된 내용으로 아이들의 변화를 가져온다면 성취감에서도 정도가 다를 것이란 판단이었다.

이 논의 과정에는 2008학년도에 우리 학교에 초빙 예정인 교사 두 명도 함께 참여했다. 지금까지 관행으로 볼 때는 불가능한 일이었다. 발령도 나지 않은 교사가 그것도 1~2주일이 아니고 5개월을 함께한다는 것은 참 힘든 일이었다. 11월 무렵에는 이미 2008학년도 학년 담임과 업무 배정이 완료된 시점이어서 함께 근무할 교사도 담임과 업무가 배정된 상태에서 참여했다. 지금까지도 조현초의 그런 관행은 이어지고 있다. 정도의 차이는 있을지 몰라도 우리 학교에 근무를 희망하는 교사는 초빙이든 일반 전입이든 간에 최소한 12월 말부터는 부분적으로 참여하게 된다.

다음 장의 내용은 우리가 2007년 10월부터 2008년 2월에 걸쳐서 부분적으로 논의했던 내용을 좀 더 구체화하여 적은 글이다. 이 내용은 학교교육의 문제는 무엇이고 그것을 극복하기 위해 우리는 어떤 대안을 가져야 하는가에 초점을 두었다. 곧 조현초의 논리 혹은 정체성을 세우는 과정이었고, 조현초 교육 활동의 배경인 셈이다.

첫 만남 그리고 안개

조현초 부임은 2007년 9월 1일 자였지만 조현초를 처음 만난 건 2000년이었던 것 같다. 1984년에 조현초에서 가까운 고송초(지금 고송분교)에서 약 2년간 근무했지만 조현초는 도무지 기억에 없었다. 2000년 어느 여름, 집사람과 중원리 계곡에 놀러왔다가 잠깐 쉬어갔던 곳이 조현초였다. 정확하게 말하면 조현초라는 이름은 기억에 없었는데 나중에 교장 공모 서류를 제출하러 와서 곰곰 생각해보니 그때 기억이 새록새록 살아났다.

부임하고 며칠 지나 아예 짐을 조현초로 옮겼다. 집이 있는 구리시에서 출퇴근이 가능한 거리지만 내 삶의 모든 시간을 조현초에서 보내고 싶다는 생각에서였다. 그렇게 맞은 조현초의 첫인상은 무얼까?

그동안 많은 학교를 옮겨 다녔다. 학교마다 나에게 강한 이미지를 남긴 풍경들이 주마등처럼 스쳐 간다. 도시에서 근무했던 학교들은 또렷한 이미지를 남겨준 학교들은 없는 것 같다. 모두 시골 작은 학교들의 독특한 풍경들이 내 삶의 갈피에서 꿈틀거리는 것 같다.

초임 학교는 낙동강 주변 농촌 마을에 있는 여섯 학급 규모의 작은 학교였다. 그곳에서 늦봄부터 초여름까지 밤마다 소쩍새 울음을 벗 삼아 상념에 빠져들다 보면 깊은 밤 즈음에는 머릿속이 텅 빌 정도였다. 그때 나이가 아마도 스물두 살이었을 거다. 그리고 겨울, 정월 대보름 무렵이면 근 보름 동안 밤마다 울려 퍼지는 지신밟기 풍물 소리가 20대 초반 들끓는 내 가슴을 밟고 지나갔다.

또 다른 산골 학교에 근무할 때는 초가을 샐비어가 내 가슴에 물들었다. 저녁 무렵 퇴근길, 석양에 빛나는 붉디붉은 샐비어를 보면 가슴이 울컥했다. 왜 그랬을까? 첩첩 산중의 마을, 20대 총각 선생한테 석양에 불붙는 샐비어가 유일한 등불이었을까?

찔레꽃, 여기서는 흔히 볼 수 없지만 남쪽 지방에서는 늦봄이면 흔히 볼 수 있다. 또 산골 학교로 전근 갔을 때 이번에는 찔레꽃을 만났다. 낮보다 밤, 그것도 보름달 달빛 아래 빛나는 흐드러진 하얀 찔레꽃의 향기는 젊은 가슴을 온통 하얗게 헝클어놓는다. 그 시절 몹쓸 추억은 나이가 들어서도 잊지 못해 차에 올라타면 장사익의 '찔레꽃'을 늘 들었던 때도 있었다.

그럼 조현초와의 첫 만남은 나에게 어떤 자세와 색깔로 다가왔을까? 그것은 안개였다. 나에게 나지막하게 소곤거리는 듯한, 때로 징징거리는 듯한 목소리로 다가오는 하얀 안개였다.

안개가 낀 날은 항상 맑은 날인 것처럼 조현초에서 내 삶도 그럴 수 있을까?

가을 새벽, 새하얗다 못해 캄캄한 안개를 맞이하는 것이 이곳에서 큰 즐거움이었다. 새벽녘 일찍 잠깬 새소리와 몸을 섞는 안개, 조현초와 나의 첫 만남은 이렇게 시작되었다.

2.

학교는 왜 변하지 않는가

학교란 무엇인가?

'여태까지 아무도 이해하지 못했기 때문에 그에 대한 정의도 존재하지 않는다.'

이렇게 풀이되는 낱말은 무엇일까?

인터넷 '학교대사전'www.idoo.net/?menu=schooldic에서는 이 낱말을 이렇게 풀이하고 있다. '학교대사전'은 2005년경 고등학생들이 사전 형식으로 우리 교육을 풍자하여 만든 것으로 많은 사람들의 주목을 받았다. 단순한 풍자를 넘어 우리 교육의 문제를 날카롭게 지적하고 있기 때문이다.

'여태까지 아무도 이해하지 못한' 이것은 바로 '학교'다. 아무도 이해하지 못했기 때문에 학교에 대한 '정의도 존재하지 않는다'는 것이다. 학교는 학생들에게 도무지 알 수 없거나 이해되지 않는 존재다. 왜 그럴까? 누구나 학교는 학생들이 공부하는 곳, 장래를 위해 꿈을 키우는 곳 등 이렇게 손쉽게 대답을 할 수 있는데 여태까지 아무도 이해하지 못했다고 말한다.

'학교대사전'이 나오기 전인 90년대 중반 서태지는 '교실 이데아'란 노래로 학교교육의 획일성과 경쟁 교육을 다음처럼 풍자했다.

됐어 됐어 됐어 됐어
이제 그런 가르침은 됐어
그걸로 족해 족해 족해 족해
내 사투리로 내가 늘어놓을래

왜 바꾸지 않고 마음을 조이며 젊은 날을 헤맬까
바꾸진 않고 남이 바꾸길 바라고만 있을까

매일 아침 일곱 시 삼십 분까지
우릴 조그만 교실로 몰아넣고
전국 구백만의 아이들의 머릿속에
모두 똑같은 것만 집어넣고 있어

막힌 꽉 막힌 사방이 막힌 널
그러곤 덥석 모두를 먹어 삼킨
이 시커먼 교실에서만
내 젊음을 보내기는 너무 아까워
좀 더 비싼 너로 만들어 주겠어

네 옆에 앉아 있는 그 애보다 더
하나씩 머리를 밟고 올라서도록 해
좀 더 잘난 네가 될 수가 있어

왜 바꾸지 않고 마음을 조이며 젊은 날을 헤맬까
바꾸진 않고 남이 바꾸길 바라고만 있을까

(이하 생략)

'학교대사전'에 나오는 다른 뜻풀이를 보자.

'학생－학교에 다니는 생물'
'교과서－읽기 위한 다른 책들과는 달리 평상시엔 사물함에 처박아 두었다가 시험 때가 되면 한 번 꺼내 보는 물건. 1년이 지나면 존재를 망각하기 마련. 교과서를 모두 들고 다니던 자들도 결국 학년이 올라갈수록 무거워지는 교과서에는 항복할 수밖에 없다.'
'교육부－모든 학교들의 위에 군림하는 정부의 한 기관. 주로 여러 가지 황당한 정책을 발표하거나 조령모개로 정책을 바꿔 일선 교사들과 학생들을 당황시키는 업무를 한다.'

학생들은 학교에 다니는 '사람'이 아니라 '생물'로 풀이하고 있다. 그저 숨만 쉬는 생물이지 사고하고 꿈꾸는 사람이 아니다. 입시를 위해 죽자고 문제 풀이를 하는 학생들을 떠올리면 이해가 될 것 같다. 더구나 1년이 지나면 존재를 망각하는 교과서, 일선 교사들과 학생들을 당황시키는 교육부가 있으니 학생들에게 학교는 이해되지 않는 곳일 수밖에 없을 것이다.

하지만 '여태까지 아무도 이해하지 못한'이란 말은 좀 심하지 않을까? 그동안 수많은 교육 개혁이 이루어졌으니 말이다. 그러나 불행하게도 이들의 '여태까지'라는 말은 진행형이다. 2007년경 한 초등학생의 휴대전화 배경 화면이 다음과 같은 글로 꾸며진 것을 볼 수 있었다.

> '학생이라는 죄목으로 / 학교라는 교도소에서 / 교실이라는 감옥에 갇혀 / 출석부라는 죄수 명단에 올라 / 교복이란 죄수복을 입고 / 선생이란 교도관의 감시를 받으며 / 공부란 벌을 받고 / 졸업이란 석방을 기다린다.'

이 초등학생이 내용에 대해 나름대로 공감을 하지 않았다면 이 글을 배경 화면에 깔지 않았을 것이다.

그동안 우리나라 교육 개혁 과정에서 진단된 교육 문제를 연도별 보고서로 확인해 보면 1984년 한국교육개발원의 〈한국 교육 문제의 종합 진단〉에서는 낮은 교육비와 교육 환경의 비인간화, 잘못된 교육관, 교육과정, 수업 체제, 학교운영의 획일성과 경직성으로 진단했고, 1987년 교육개혁심의회의 〈교육 개혁 종합 구상〉에서는 지나친 입시 위주의 교육, 개성이 무시된 획일적 교육, 지시 일변도의 교육행정, 낙후된 교육 환경을, 1992년 대통령 자문 교육정책 자문회의의 〈21세기 한국 교육의 선택〉에서는 적성과 개인차 존중, 교육 체제의 획기적 개선, 교육 재원의 확충, 교육 환경의 개선으로 진단했으며, 1995년 교육개혁위원회의 〈신교육 체제 수립을 위한 5·31 교육 개혁 방안〉에서는 입시 지옥에 묻혀버리고 있는 창의성, 값싼 학교교육과 과중한 사교육비, 획일적 규제 위주의 교육행정 등으로 진단했다.

2000년대에 들어선 지금까지도 일부 진전이 있지만 아직도 획일적인 교육행정 및 학교운영, 열악한 교육 재정, 입시 위주 교육으로 인해 개성과 창의성이 무시되는 상황은 계속 제기되는 문제이다.

우리 교육의 주요 과제가 이렇듯 해결되지 않고 지속되고 있으니 '여태까지 아무도 이해하지 못한' 곳이 학교일 수밖에 없을 것이다. 학생들 눈에 비친 학교가 이러니 공교육의 불신 문제는 '더 이상 말하지 않아도 누구나 이해하는' 일일 것이다.

우리도 이런 의문을 가지고 있다.

- 왜 학생들은 상급 학년이 될수록 학교에 오는 것을 재미없어하는가?
- 왜 학교 공부만으로는 부족하여 학원 수강이나 과외를 하는가?
- 왜 전국의 학생은 똑같은 교과서를 가지고 공부해야 하는가?
- 왜 전국의 학교는 같은 시간에, 비슷한 활동을 해야 하는가?
- 왜 전국의 학교는 비슷한 운영 체제를 갖고 있는가?
- 왜 열정적인 신규 교사가 5년 정도만 지나면 구태의연해지는가?
- 왜 교사들의 대화는 아이들이 아닌 승진에만 치우쳐 있는가?

- 왜 교사들의 연구나 시범학교의 연구 결과는 공유, 확산되지 않는가?
- 왜 교육청, 교육부의 인력은 학교 지원보다 사무에 몰두하고 있는가?
- 왜 불필요한 공문은 줄어들지 않는가?

많은 전문가들의 의견도 정부가 우선적으로 추진해야 할 정책으로 학생들의 적성과 능력의 차이를 존중하는 교육을 말하고 있으나 현실은 그렇지 못해서 획일적인 교육에 대한 불만으로 2006년경의 통계만 봐도 대안학교 설립이 전국 80개교, 대안학교 재학생이 약 3600여 명에 이르고 있고, 우리나라에 아직 정확한 통계는 없지만 홈스쿨링 학생도 전국적으로 100여 가구로 추산하고 있다.

'학생들의 잠재적인 능력을 최대한 길러주기 위해 학교는 무엇을 해야 하는가?', '학생의 다양한 요구를 실현시키는 살아 숨 쉬는 학교 체제를 어떻게 만들 수 있는가?', '학교가 생동감을 갖도록 교원의 자발성과 헌신성을 높이기 위해 교육행정은 어떻게 변해야 하나?', '학교교육이 국가 사회의 요구를 실현하고 개인의 삶의 질을 향상시키는 데 어떻게 기여할 수 있는가?' 등의 질문에 제대로 답할 수 있어야 한다. 이것이 우리 교육이 풍자나 익살의 대상에서 벗어나는 일이고, 공교육이 제대로 자리 잡는 일일 것이다.

왜 혁신학교인가?

패러다임의 변화

우리나라에 자주 찾아온 미래학자 앨빈 토플러는 우리나라 교육에 대해 이런 말을 한 적이 있다. "산업은 제3의 물결인데, 한국 교육은 제2의 물결, 혁명적인 변화가 필요하다"고.

하지만 우리 교육의 문제는 애써 앨빈 토플러의 말을 빌지 않더라도, 교육 전문가의 대단한 분석이 아니어도 대한민국 국민이면 누구나 다 알고 있는 사실이라면 지나칠까? 이 말을 한 때가 2006년경으로 기억하는데 그렇다고 앨빈 토플러의 말을 새기면서 그동안 우리 교육에서 큰 변화가 시작된 것도 아니다.

제2의 물결인 산업화 시대의 특징이 중앙 집중화, 규격화, 분업화, 질보다 양을 중시하는 것이라면, 제3의 물결인 정보화 시대는 중앙 집중화에서 분권화, 규격화보다는 적정화, 양보다는 질을 중시한다. 앨빈 토플러의 말을 우리 교육에 적용해 보면 딱 들어맞는다. 교육과정이나 교육정책이 중앙 집중적이고, 학교운영 체제가 규격화되어 있으며 초등의 경우 최근 예체능 교과에 검정제를 도입했지만 내용의 획일성은 여전하며 대다수 교과가 국정 교과서로 교육 내용이 규격화되어있다. 게다가 모든 학교 급별로 중요한 평가는 점수 위주의 양적인 것을 중요하게 생각한다.

문제는 지금은 지식기반사회를 넘어 후기 지식기반사회가 도래하고 있다는 점이다. 지식기반사회가 지식이나 정보의 활용이 중요하다면 후기 지식기반사회에서는 감성, 상상력, 가치 등 인간의 내면이 중요한 사회를 맞고 있다. 이렇게 빠르게 변화하는 시대의 물결 속에서 교육이란 무엇이고 학교는 무엇을 해야 하는가를 진지하게 고민하지 않을 수 없다. 어쩌면 고민하는 동안 새로운 패러다임이 몰려올 수도 있다.

다니엘 핑크Daniel Pink는 그의 저서 《새로운 미래가 온다》에서 후기 지식기반사회는 감성의 시대로서 문화, 예술, 디자인이 중요하게 부각된다고 했다. 논리력, 디지털 능력을 요구하는 정보화 시대에서 창조력, 공감력, 기획력 등을 필요로 하는 하이콘셉트, 하이터치 시대로 이동해가고 있다고 말했다. 그리고 이러한 시대에 미래의 인재가 갖춰야 할 여섯 가지 조건은 디자인, 이야기, 조화, 공감, 놀이, 의미로 이런 것들은 표준화하기 어려운 재능들이라고 말한다.

어쨌든 지금 우리 학교는 지식을 가르치거나 전달하는 곳이 아니라 학생 스스로가 만들어가도록 도와줘야 한다는 점, 지식, 기능에 치우친 교육 내용이 고등 정신 능력이나 정의적 능력을 기르고 감성, 심미성, 상상력을 일깨우는 교육으로 전환해야 한다는 점은 대부분 공감하는 내용이라고 본다.

이에 따라 여러 나라들이 '다항목 피상주의' 학습을 탈피하기 위해 '핵심 역량' 중심의 교육과정을 연구하고 있다. OECD DeSeCo(Definition and Selection of Key Competences)가 제시한 핵심 역량의 세 가지 범주는 ① 이질적인 집단에서 상호작용 능력(소통, 협동, 갈등 조정 능력) ② 자율적 행동 능력(큰 그림 내에서 행동하는 능력, 자신의 프로젝트를 구상, 실행하는 능력, 자신의 권리, 관심 등을 옹호하고 주장하는 능력) ③도구를 상호작용적으로 활용하는 능력(언어·상징·텍스트 활용 능력, 지식·정보 활용 능력, 새로운 기술 활용 능력)으로 보고 있다. 또 호주의 빅토리아 주의 핵심 학습 요소를 보면 ①신체적, 개인적, 사회적 학습(건강과 체육, 대인 관계, 개인적 학습, 시민성) ②학문 기반 학습(예술, 영어, 제2외국어, 인문학, 수학, 과학) ③간학문적 학습(의사소통, 디자인, 창의성, 공학, 정보 통신 기술, 사고력)을 들고 있다.

아이들의 변화

아이들의 변화는 학교교육의 획기적인 변화를 요구하고 있다. 안동대 유명만 교수는 N세대의 특징을 "첫째 N은 일상적 삶의 무대인 network - 수평적 관계망을 확산해나가는 의미가 함축되어있다. 둘째는 innovation - 다름과 차이를 좋아하고 변화와 혁신을 즐긴다. 셋째는 no - 현상 유지와 권위에 대한 복종과 기존 가치의 수용보다는 늘 새로운 무엇인가를 추구한다. 넷째 N은 enjoy - 일과 놀이, 그리고 공부가 따로 구분되지 않는다"고 말하기도 한다.

〈교과서, 교육과정 현대화 방안〉(교육혁신위원회) 보고서는 이러한 아이들의 의식 변화를 크게 세 가지로 요약하고 있다. 첫째는 지식관의 변화인데, 기성세대의 지식관은 교과서 지식관에 압축적으로 표현되어있다. 교과서 지식은 인류가 오랜 세월 축적한 인류 문화의 정수를 모은 표준 지식으로 이 표준 지식을 얼마나 잘 학습하느냐는 사회 경제적 신분 결정에 중요한 영향을 끼친다.

그러나 지금 아이들의 지식관은 기성세대의 지식관과 크게 다르다. 아이들은 표준 지식의 존재 자체를 의심하며 그 권위를 인정하지 않는다. 지식, 정보량이 폭발적으로 증가하는 지식기반사회에 익숙한 아이들에게 고정된 표준 지식이란 것은 없다. 인터넷을 뒤지면 교과서보다 더 많은 정보가 있고, 정보의 전달 방법도 교과서의 활자나 사진에서 벗어나 동영상, 음악 등의 멀티미디어 자료가 넉넉하다. 따라서 아이들은 더 이상 교과서나 교과서 내용의 권위를 인정하지 않고, 그것이 살아가는 데 꼭 필요하다고 생각하지도 않는다.

90년대 중반 교실 붕괴란 말이 우리 교육의 문제를 압축적으로 드러냈다고 보는데, 2001년 한국교육개발원이 펴낸 〈학교교육의 위기 실태와 원인 분석〉이라는 보고서를 보면 중·고생 세 명 중 한 명은 반드시 학교를 다닐 필요는 없으며 학교가 지식이나 가치관을 배울 수 있는 가장 중요한 곳이라고 여기지 않는 것으로 나타났다.

조사에 따르면 '학생 본분은 공부를 잘하는 것이다'라는 설문에 대해 교사와 학부모는 각각 65.3%와 71.5%가 그렇다고 답한 반면 학생들은 무려 60.8%가 그렇지 않다고 대답했다. '학교는 꼭 다녀야 하는 곳인가?'라는 질문에 교사와 학부모의 12.8%가 그렇지 않다고 답했으나 학생들은 31.2%가 꼭 다닐 필요가 없다고 답했다. 또 31.5%의 학생이 '학교는 지식과 가치관을 습득하는 가장 중요한 곳이다'라는 질문에 대해 그렇지 않다고 응답했다. 특히 중학생(27.5%)보다 고등학생(37%)의 부정적 반응이 높아 학년이 올라갈수록 학교교육에 대한 불신감이 더 심해지는 것으로 나타났다. '학교교육은 학생의 개성에 맞는 진로를 찾아주는 데 효과적인가?'라는 물음에 학생의 절반이 넘는 55.3%가, 교사와 학부모도 각각 48.3%와 28.7%로 그렇지 않다고 답했다.

둘째, 아이들의 학교교육에 대한 요구가 기성세대와는 현격하게 달라져 있다. 기성세대는 학교교육을 통해 '사회 경제적 신분 상승'을 이루었으나 요즘 아이들은 '내가 하고 싶은 일을 학교가 도와주었으면 좋겠다'고 생각한다. 즉 학교가 자신이 선택한 진로와 관련한 수월성을 키워가는 데 도움이 되길 원하며 이것이 곧 자신의 삶의 질을 높이는 것으로 받아들인다.

다시 2001년 한국교육개발원 자료를 인용하면 '학생은 자기가 원하지 않는 교과는 배우지 않아도 된다'고 생각하는 학생이 59.1%에 이르고, '학교는 학생이 원하는 새로운 과목을 개설해줄 수 있어야 한다'고 생각하는 학생은 90.9%에 이른다.

셋째, 학생들의 변화된 의식과 학교 체계와의 충돌이다. 기성세대의 의식구조의 특성은 이성적 권위로 간주되는 국가나 집단의 의사를 쉽게 수용하며 순응적인 편이다. 그리고 현재까지 유지되고 있는 학교 체계는 기성세대의 의식구조에 부합하는 것이다.

그러나 학생들의 변화된 의식구조의 특성은 획일적이고 순응적인 기성세대와 달리 정치, 사회적으로는 보다 자율, 개성적이고, 문화적인 면에서 다양성을 갖고 있다. 따라서 이성적 권위로 간주되는 국가나 집단의 의사나 통제를 잘 받아들이지 않는다. 이러한 아이들의 변화된 의식이 여전히 권위적인 학교 체계와 충돌하는 양상을 빚고 있다.

10년이면 강산도 변한다는 말은 이제 비유로서 적절한 말이 아닌 것 같다. 요즘 같은 시대는 1~2년이 그 10년일 것이다. 기술의 발전 주기, 정보의 소통 시간이 그만큼 단축되어서 변화의 속도는 어지러울 정도다. 미래학자들은 농경 시대는 3000년, 산업 시대는 200년만에 지나갔고, 정보 시대는 50년, 후기 정보 시대는 10년 만에 지나갈 것으로 예측하고 있다.

세상이 변하면 제도나 사람도 변하는 것은 당연한 이치일 것이다. 그러나 우리 사회나 학생이 변하는 만큼 학교의 변화가 더디다는 것을 느낀다. 하지만 우리 학생들의 변화는 놀랄 정도다. 최근 촛불집회를 10대들이 촉발시켰다는 것으로 설명이 충분할 것 같다. 그동안 정치 사회적인 발언이 대학생 중심이었다면 90년대에는 극소수 고등학생이 참여했고, 지금은 다수 중·고등학생이 참여하고 있다. 속도의 빠른 진화라고 볼 수 있다.

중·고등학생들이 우리 사회의 현안에 대해 어떤 생각을 갖고 있는지 그들의 홈페이지를 통해 구체적으로 알 수 있다. 예를 들면 한국고등학교학생회연합회는 학교 자율화 3단계 추진 계획에 대해 "이미 등급제의 시행으로 무한 경쟁의 시대에 있는 학생들에게 초·중·고 우열반이 조성되면 학생들 간의 위화감만 더 커질 것이다"라고 주장을 한다. 전국민주중고등학생연합은 교원평가, 사립학교법, 두발 자유화 등에 대한 설문 조사도 하고 입장을 발표하기도 했다.

10대들이 직접 꾸려 가는 포털 사이트도 있다. 그들은 이 공간에서 학원 숙제에서부터 학교 급식, 보충학습, 자율학습, 이라크 전쟁에 이르기까지 크고 작은 현안에 대해 발언하고 있다. 어떤 학생은 자유게시판에 학생들의 존엄과 자유, 평등, 인권을 찾기 위한 조직을 만들기 위해 발기인을 모집한다는 글도 올린다.

이처럼 학생들의 빠른 변화는 이제 학생들이 단순히 가르쳐야 할 대상이 아닌 함께 가야 할 우리 사회의 주체라는 것을 증명하는데 교육정책이나 학교는 학생들의 빠른 변화를 따라잡기에는 너무 더딘 게 아닌가 싶다.

학교교육을 둘러싼 말 말 말

국가 사회적 요인

해묵은 갈등, 평준화와 비평준화

대학 입시와 더불어 해묵은 갈등의 하나로 평준화와 비평준화 논쟁이 있다. 이 논쟁은 중·고등학교 교육의 정상화라는 관점에서 본다면 왜곡된 논쟁이다. 평준화 정책은 입시 위주의 교육, 암기식 교육의 폐해, 과도한 사교육비 지출 등의 문제를 해결하여 학교교육을 정상화하자는 취지였다. 그러나 문제는 평준화 이후 학생들의 소질과 적성, 능력을 살릴 수 있는 다양한 교육과정이나 학교운영의 유연성을 확보하기 위한 지속적인 정책이 뒤따라야 했다. 그것은 점수로 한 줄 세우기가 아닌 학생의 다양한 능력에 따른 여러 줄 세우기가 핵심이었다. 하지만 구호는 있었지만 실제 중등교육 현장에는 가시적인 변화가 없었다.

일부에서는 평준화 정책을 개선하는 중요한 방향으로 학부모의 학교 선택권을 부분적으로 확대하는 것과 동시에, 정부의 학교에 대한 규제를 완화하고 학교의 자율을 증대시키는 것도 매우 중요하다고 주장하는데, 현재의 여건에서 학생들이 소질, 적성, 진로와 관련하여 선택할 다양한 교육 내용을 가진 학교가 존재하지 않는다. 다만 일류 대학 진학률에 따른 학교 간 차이가 있을 뿐이다. 이런 처지에서 학교 선택이란 평준화 이전의 문제로 되돌아갈 우를 범할 수 있다. 학교 선택 이전에 학교의 자율을 증대시켜 다양한 교육 내용과 활동을 가진 개성적인 학교를 만드는 것이 우선이다.

결국 학교교육이 입시 위주가 아닌 교육 본래의 기능을 회복했어야 하는데, 이 문제를 던져 두고 평준화, 비평준화 정책의 문제로 논쟁을 한다는 것은 본질에 벗어난 일이다.

교육의 기회 균등과 수월성의 왜곡

2004년 대통령 자문 교육혁신위원회의 보고서 〈교육과정 현대화에 대한 연구〉는 다음과 같이 지적하고 있다. '교육의 기회 균등은 근대 교육이 성립된 이래 일관되게 추구해온 공교육의 지향이며, 교육의 수월성 추구는 교육이 보편적으로 추구하는 목표이다. 양자는 결코 대립적인 것이 아니라 상호 보완적이다. 그런데 지금 시점의 한국 사회에서 기회 균등과 수월성 추구가 첨예한 대립으로 받아들여지는 이유는 인재와 학력을 바라보는 관점의 편협성, 그동안 성장 일변도의 신화에 갇혀있는 의식과 학교교육이 사회 경제적 신분 상승의 유일한 방도라는 고정관념이 자리 잡고 있는 것이 그 원인이라고 본다.'

영국의 블레어 총리가 영국 교육이 근본적으로 실패한 것은 '대다수의 사람을 위한 공교육의 중요성을 간과한 채 학교교육에 대해 잘못된 접근을 한 것에 있다'고 지적하고 '다수를 위한 수월성'을 강조한 점도 참고할 필요가 있다.

'경쟁은 학생을 바보로 만든다.'

이 말을 들으면 대부분 공부나 시험을 싫어하는 사람이나 비현실적인 몽상가 수준의 말이라고 여길지 모르지만, 몇 년 전 한국에 왔던 핀란드 교장협의회 회장 피터 존슨이 교육에 시장 원리를 적용하려는 우리 교육을 비판한 말이다. 소위 교육 천국 핀란드, PISA(학업성취도 국제 비교) 1위 국가, 세계 여러 나라가 교육을 벤치마킹하고 싶은 나라, 세계경제포럼에서 산정한 국가 경쟁력 지수와 IMD의 세계 경쟁력 연감에서도 1위를 지키는 유명한 나라의 교장협의회 회장이 한 말이니 한 번쯤 새겨들을 필요가 있다. 피터 존슨이 어떤 자신감에서 그런 말을 했는지 핀란드 교육 몇 가지를 우리 교육과 비교하면서 살펴보자.

핀란드는 대학까지 무상교육에다 무상급식, 고등학교까지는 교재나 공책, 연필, 통학비까지 무료로 제공한다. 20년 전에는 우열반도 있었으나 폐지했다. 우리의 외고, 과학고처럼 영재교육 기관이 없고 영재교육 자체를 실시하지 않는다. 대입 제도도 교육의 일관성을 위해 30년 이상 바꾸지 않고 있다. 개인이나 학교의 서열이 없고 일제고사가 없다. 학원이나 사교육이 없으며 학교에서 보내는 시간은 많지 않아 우리처럼 0교시, 심야 자율학습 등으로 많은 시간을 학교에서 보내지 않는다. 1등이란 말 자체를 모를 정도로 우수아보다는 낙오자가 없도록 하는 교육에 집중하며 학교나 교사의 자율성은 철저히 보장된다.

우리는 어떤가? 일제고사도 모자라 석차를 매기고 더 많은 시간을 학교에서 공부하게 할 뿐 아니라 우열반을 편성하여 일류대를 많이 보내는 것이 학교의 가장 큰 실적으로 인정되며, 우수아를 위해 특목고를 많이 만드는 것이 각종 선거의 공약이기도 하다.

경쟁 없이도–정확히 말하면 핀란드에도 경쟁은 있다. 그 경쟁은 동료가 아닌 자기 자신과의 경쟁이다.–세계 최고의 학력을 유지하는 핀란드의 교육과 경쟁 없이는 학력 향상이 어렵다고 말하는 우리 교육 현실과는 너무나 대조적이다. 다시 피터 존슨의 말을 들어보자. "모든 학생은 서로 다른 능력을 갖고 있습니다. 학생의 능력에 맞춰 교육을 하는 게 교사의 일입니다." 여기서 능력이란 말을 교과 성적으로 좁혀서 생각하면 안 된다. 그것을 포함하여 학교에서 다룰 수 없는 개인마다 다른 삶의 능력까지를 포함하는 말이다. 너무나 당연한 교육 원리이고, 수많은 교육학자들이 그렇게 주장하지만 우리 현실에서 논의는 결국 시험 점수로 환원되고 만다.

우리와 교육 방식이 유사한 일본의 후쿠다 세이지 교수는 핀란드 교육을 연구하여 《핀란드 교육의 성공》이라는 책을 썼다. 후쿠다 세이지 교수는 앞으로 변화될 사회에서 살아남기 위해 모든 학생들에게 새로운 학력을 익힐 수 있도록 '인간의 폭넓은 정신 활동'을 포괄한 역량을 키우는 것이 교육목표가 되어야 한다고 말하며 지식을 익히는 데 한정됐던 전통적인 학력관을 부정하고 '왜 배워야 하는가?'라는 근본적인 질문부터 다시 출발해야 한다는 것이다.

너무 상식적인 이야기가 우리에게는 낯설게 들린다. 우리 교육이 교육 논리보다는 정치 논리에 좌우된다면 우리 교육의 질적인 변화를 이루기는 어렵다고 본다. 이제 우리 교육의 질적 변화를 위한 임계점에 다다랐다는 생각이다.

'교육의 다양화'에 대한 이견

그동안 우리 교육에서 교육(학교교육)의 다양화에 대한 논의는 학교교육 체제나 교육 활동의 획일성이 주요 문제로 제기되었고, 이를 극복하기 위해 여러 정책을 추진하는 과정에서 발생했다. 그러나 획일성을 극복하고 다양화를 추진한다는 총론에서는 동일하나 각론에서는 서로 다른 의견들이 존재했다.

예를 들면 한국교육개발원 자료 〈한국 교육 문제의 진단에 관한 연구〉에 따르면 특수목적고에 자녀를 진학시킨 학부모들은 학교교육 체제의 다양화를 수월성의 문제와 같은 맥락으로 보는 경향이 강하고[성열관, 2004] 한국에서의 시장 주도 개혁론자들은[우천식, 2001; 이주호, 2001] 교육의 다양성을 위해서는 학교 선택권을 확대해야 한다고 주장하며, 이와는 대조적으로 학교를 서열화하지 않으면서 '교육과정의 다양화'를 기하려는 주장이[성기선, 2002; 성열관, 2006] 있다.

교육의 다양화와 관련하여 그동안 추진된 정책을 살펴보면 수월성의 문제나 학교 선택권의 관점에서 진행되어 왔다는 걸 알 수 있다. 1974년에 고교평준화를 도입한 이후 특수목적고를 설립하고 특성화고를 지정하거나 자립형사립학교, 개방형자율학교에 이르기까지 교육(학교) 내용의 다양화를 학교 체제의 다양화 관점에서 추진했다.

지금까지 '교육 내용의 다양화'가 아닌 '학교 체제의 다양화' 관점에서 추진된 정책의 문제점은 특목고가 입시 기관화되었다는 지적이나 다수 학생이 아닌 소수 학생을 위한 정책이라는 점과 과학고, 외국어고 설립 제한 등의 움직임에서 명확하게 드러난다.

그리고 많은 자율학교가 지정되었고 도입 목적은 '탈규제 학교로서 다양하고 창의적인 교육'이었지만 목적이나 취지에 맞게 운영이 되지 못하고, 자율 운영을 보장할 법적 제도적 근거도 미비한 형편이다.

따라서 학교 체제의 다양화가 아닌 교육 내용의 다양화 정책이 전면적으로 추진되어야 한다. 이를 위해 국가 수준의 교육과정을 대강화, 슬림화해야 하고, 학교의 다양성, 창의성을 살리기 위해서는 단위학교의 자율 운영이 보장되어야 할 것이다.

입시 제도에 의한 학교교육의 획일화

서울대가 발표한 '2008학년도 이후 입시안'은 내신 반영 비율을 현 수준에서 묶고 논술 비중을 크게 늘리는 것이 뼈대이다. 여기에 대해 심층 면접이 지필 형태가 되어 사실상 본고사라는 의혹과 함께 특목고 학생에게 절대 유리한 전형 방법이라는 비판이 있었다. 한편 일선 고교의 내신 부풀리기 문제를 해결하고, 대학의 특성에 맞는 학생 선발과 함께 대학 입시는 대학의 자율권에 속한다는 반발도 있었다.

우리나라 대입 제도는 해방 이후 지금까지 십여 차례나 바뀌었지만 중·고등학교 교육 정상화라는 본질적인 내용에서 큰 진전이 없었고, 비록 대학 입시가 중·고등학교 교육 정상화를 위한 내용을 가졌다 해도 일선 현장에선 변화가 제대로 일어나지 않았다. 창의성, 통합적 능력을 평가한다는 수능 시험 도입 취지는 교육적으로 옳지만, 고등학교 현장에선 여전히 교과서, 참고서의 반복 학습에 지나지 않았고, 논술이 추가되었지만 현장에서 논술 지도에 대한 문제가 계속되고 있다.

이 문제의 해결은 중등교육의 혁신을 통하여 암기식, 입시 위주 교육을 벗어나 학생들의 다양한 소질과 능력을 기르는 교육으로 정상화되어야 한다. 대학 입시는 중등교육의 질적 변화 추이를 보면서 대학 입시의 방법과 수준을 검토해야 한다. 그러지 않으면 대학 입시와 중등교육의 괴리는 변함없을 것이고, 중등교육의 질 향상은 구두선에 지나지 않을 것이다.

'SAT에서 만점을 받은 학생보다 1200점 받았지만 다양한 경험을 쌓은 학생을 선호한다.'

이 내용은 하버드대학의 입시 요강에 적혀있다고 한다. 우리 식으로 말하면 수능에서 만점을 맞은 학생보다 2, 3등급을 받더라도 다양한 경험을 쌓은 학생을 선발한다는 것이다. 2007년 하버드대 입시에서 우리의 수능 시험격인 SAT에서 만점을 받은 3200명이 낙방을 했고, 그중에는 전교 1등인 고교생 1800명이 포함되어 있다고 했다.

이것은 하버드대만의 특별한 전형 방법이 아니라 버클리대 경우도 비슷하다. SAT 성적이 아주 뛰어난 학생은 탈락하고, 아주 낮은 학생이 입학하는 경우도 많다는 것이다. 입학생의 SAT 성적이 무려 1000점이나 차이가 나는 경우도 있다고 한다. 버클리대 총장의 "우리는 숫자만을 보지 않는다"라는 말이 그것을 뒷받침한다. 내신 성적이나 SAT 성적뿐만 아니라 대학별로 그 학생이 가진 능력을 포괄적으로 살핀다는 뜻이다. 이런 방식으로 학생들을 선발해도 하버드대나 버클리대는 세계적인 인재를 배출하는 대학이라는 데 의문을 제기할 사람은 없을 것이다.

우리는 어떨까? 지금 수능 등급제 문제와 함께 대학에 선발의 자율권을 줘야 한다는 이야기가 또 나오고 있다. 대학의 자율권은 당연하지만 이런 의문이 든다. 대학에 자율권을 주면 하버드대, 버클리대처럼 다양하면서도 포괄적인 관점에서 학생을 선발할까? 아니면 객관성, 변별력을 구실로 수능 위주나 본고사를 부활해서 그 점수로써 학생을 선발할까? 이 물음에 자신이 없는 한, 대학의 자율권 문제는 당분간 제자리를 맴돌 수밖에 없을 것이다.

또 문제가 되고 있는 수능 등급제를 살펴보자. 수능 등급제 도입 배경은 시험 성적 위주의 학생 선발 경쟁을 완화하고 잠재력 있는 학생을 발굴하자는 것과 대입 전형에서 학생부 반영 비중을 확대하여 학교교육의 정상화를 가져오자는 것이다.

그동안 대학은 학생 선발에서 수능의 영역별, 과목별 표준 점수나 백분위 점수를 활용하였다. 물론 등급제 활용을 권장했지만, 대부분 대학은 변별력이 높다는 이유로 점수제를 선호했다.

2008년 대입에 적용될 수능 등급제를 두고 1, 2점 차이로 등급의 차이가 발생한다는 문제를 제기했지만, 오히려 1, 2점 차이로 지원 대학이 바뀌고 당락이 결정되는 기존의 지나친 변별력을 완화하자는 것이다.

수능 점수 1, 2점 차이로 한 사람의 인생이 바뀌는 것을 어떻게 설명해야 할까? 그것도 1년에 단 한 차례의 시험을 통해서 말이다. SAT는 1년에 여러 차례 응시를 해서 가장 좋은 점수를 활용한다. 우리도 하버드대, 버클리대처럼 학생 선발을 한다면 애써 수능 등급제를 도입할 필요가 없었을 것이다.

또 다른 문제로 일선학교에서는 등급제 도입으로 인해 진학 지도에 어려움이 있다고 토로한다. 그동안 점수로 진학 지도를 해오던 관행에서 등급으로 전환되어 어려움이 있는 것은 사실이다. 제도 도입 초기의 진통이라고 볼 수 있지만 크게 생각하면 하버드대, 버클리대처럼 인재를 선발하는 방식이 점수에 의존하지 않는 방식으로 변화하는 과정의 진통이라고 볼 수 없을까? 하버드대, 버클리대는 학생 선발을 위해 학생의 다방면의 능력을 검증하는 입학사정관을 몇 백 명씩이나 두고 있다. 우리의 대학들도 이렇게 인력을 투자하여 인재를 발굴하기 위해 노력을 해야 한다.

사교육 과잉과 공교육 불신

어떤 정권도 '사교육과 전쟁'을 하면 질 가능성이 많다. 그 이유는 최근 나온 대책도 이전과 마찬가지로 사교육 발생을 잘못 진단하여 처방전 약효가 먹히지 않기 때문이다. 마치 위궤양 환자에게 진통제만 처방하는 것과 다름없다. 그리고 '전쟁'을 한다면 그 대상은 사교육이 아니라 '교육정책'이어야 한다.

사교육은 획일적인 교육 내용과 교육열의 부적절한 관계가 빚은 산물이다. 우리 국민의 교육열을 문제로 삼지만 높은 교육열은 한편 긍정적일 수 있다. 가장 핵심 문제는 획일적인 학교교육 내용이다. 이 것이 우리 국민의 높은 교육열을 사교육으로 눈을 돌리도록 왜곡시킨 것이다. 획일적인 학교교육 내용의 문제는 학교, 교사의 문제에 앞서 근본적으로 정부 정책의 문제이기 때문에 '전쟁'의 대상을 교육정책으로 삼아야 한다.

우선 획일적인 학교교육 내용을 보자. 아직 국가 수준 교육과정의 대강화나 분권화 수준은 외국에 비해 매우 부족하다. 교육과정의 표현인 교과서를 보면 쉽게 이해된다. 초등의 경우 전국 모든 초등학교가 동일한 국정 교과서를 배운다. 심지어 배우는 차례까지 같다. 중등의 경우 국어, 도덕, 국사는 국정이며 나머지 교과는 많은 검정 교과서가 있지만 교과부의 집필 지침에 의해 내용이나 순서는 비슷하다고 볼 수 있다.

그러니까 우리나라 초·중등학교는 같은 시기에 비슷한 내용, 그것도 다른 나라보다 어려운 내용을 배우게 되니 학원에서 선행 학습이나 보충 지도를 하기에 아주 편리한 구조로 되어있다. 게다가 그동안 학교, 교사별 교육 내용의 다양화보다는 교육 체제의 다양화(특목고, 자사고 등) 정책이 사교육 팽창의 원인이 되기도 했다.

다음은 평가 문제다. 학교, 교사마다 대강화된 국가 수준 교육과정을 바탕으로 다양한 교육 내용을 가르치게 된다면 평가 역시 학교, 교사마다 모두 달라야 한다. 그러니까 교사별 평가가 핵심이 된다. 지금처럼 한 학교에 국어 교사 세 명이 있다고 했을 때 세 명의 평가 문제가 모두 같고 결과 처리 또한 계량화, 서열화를 지향하는 한 사교육 수요는 지속된다. 가르친 내용을 교사별로 평가해야 하고,

질적 평가(수행평가)가 중요하다는 교육 상식에 한참 어긋나 있는 것이다. 다른 나라에서 거의 하는 교사별 평가를 우리는 왜 못 하는가? 그러니까 견고한 관행적인 교육정책과 '전쟁'을 해야 한다는 것이다.

또 수능의 문제가 있다. 현재 수능은 교과별 체제로 되어있는 중등교육과 어긋난다. 수능 도입의 배경인 통합적 사고력, 창의력을 기른다는 취지에 맞게 중등교육이 변하도록 정책적으로 유도해야 한다. 또 수능 점수가 입학의 절대적인 잣대가 된다면 내신, 수능 공부가 별개일 것이며 학원을 다녀야 한다는 유혹을 뿌리칠 수 없다.

또 다른 문제는 대학 입시 문제다. 대학별 고사가 진행된다면 지금 처지에서는 내신, 수능, 대학별 고사의 학습 부담 경감을 위해 사교육에 의존하게 된다. 입학사정관을 둔다는 것은 학교마다 다른 교육 내용, 교사별 평가가 이루어지는 다양한 학교의 학생들을 대상으로 자기 대학에 적합한 인재를 선발하기 위한 것이다. 그러니까 고등학교 교육의 결과를 반영하는 것으로 질적 평가를 적용한다는 전제가 있다. 대학은 낡은 선발 방식에 대한 집착을 버리고 앞서 말한 학교교육의 질적 변화를 유도하는 데 기여해야 한다.

마지막으로 학력, 학벌 중심의 사회 구조를 완화하지 않으면 학교교육의 변화는 지체될 수밖에 없다.

앞의 내용은 사교육비 경감을 위한 주요 문제라고 생각되는 것을 말했지만, 달리 말하면 공교육 내실화 방안이기도 하다. 이런 정책을 펴는 나라들은 사교육이 거의 없다는 사실에 눈을 돌려야 한다. 학교, 교사마다 다른 교육 내용, 교사별 평가를 비롯한 각종 평가 제도와 대학 선발 방식을 개선하고, 사회 시스템을 갖추도록 교육정책이 적극적이고, 지속성을 띨 수 있도록 '전쟁'을 벌이는 것이 사교육비를 경감하는 바른 처방이고 공교육이 신뢰받는 길이라고 본다.

학교 외부 요인

획일적, 하향식 교육행정

Top-down 방식 교육행정은 학교와 교사들을 수동적으로 만들고, 학생·학부모·지역사회에 대한 책무성을 약화시켰다. 그동안 중앙집권적이던 교육행정의 분권화를 추진해왔지만 그 수준은 소극적인 권한 이양 수준이며, 권한을 단위 학교에 이양하는 것이라기보다는 교육부의 일부 권한을 시도교육청에 이양하는 것이 중심이었다. 그래서 아직도 시도교육청에서 단위 학교 차원의 사업을 추진하고, 예산까지 편성하고 있다. 시도교육청에서 추진하는 단위 학교 차원의 사업을 지양하고 그 예산을 학교로 보낸다면 학교가 다양한 교육 프로그램을 마련하는 데 크게 기여할 수 있다고 본다.

교육행정 체제를 단위 학교 지원 중심으로 혁신하고 단위 학교의 자율성을 대폭 신장하도록 시도교육청, 시군교육청의 기능을 재편하는 것은 학교 자율화의 핵심적인 과제이다.

최근 교육과학기술부의 학교 자율화 방안에 대해 논란이 일고 있다. 학교가 보다 자율화되어야 한다는 것은 어느 누구도 반대할 수 없는 우리 교육의 주요 과제임에 틀림없다.

우리 사회의 발전에 따라 학생들의 의식이나 가치가 다양해진 만큼 학교교육 프로그램 역시 다양화되어야 한다. 그리고 학생들마다 지닌 서로 다른 개성과 능력을 최대한 살려주는 것이 학생들의 삶의 질을 높이는 데 기여할 것이고 국가 사회를 위해서도 바람직한 일이다.

하지만 경직된 교육행정 체제나 획일적인 지침, 전국적으로 거의 동일한 교과 내용은, 학생의 변화에 대응할 수 있는 학교교육 프로그램의 다양성과 이를 실행할 교사나 학교의 자율성을 가로막아 온 것이 사실이다. 그래서 자율화의 핵심 내용은 단위 학교에 교육과정 운영과 평가, 예산과 인사의 자율성을 주고, 교육행정은 학교와 교사의 관리가 아닌 지원 체제로 바꾸는 것이다. 무엇보다 초·중등교육의 자율성을 위해 '대학 입시에 학교교육이 획일적으로 종속되는 것'이 아니라 '다양한 학교교육을 반영하여 학생을 선발'해야 한다.

저마다 다른 특성을 가진 학생들의 지속적인 변화를 추구하는 학교는 본질적으로 변화를 지향하는 역동적인 공간이어야 한다. 통제, 감독, 타율, 획일 등이 과도하게 존재하는 한, 사람의 변화를 가꾸는 학교는 학교로서의 생명력을 잃게 될 수밖에 없다. 지금의 우리 학교는 역동적이거나 푸릇푸릇한 생명력을 지니고 있다고 말하기에는 부족하다. 이를 극복하기 위한 학교의 자율성 확보는 우리 교육에서 대단히 중요한 과제이다.

그러나 지금 논란의 핵심은 학교 자율화의 지향과 방법이다. 다시 말해 경제 논리에 바탕을 둔 자율화인가, 교육 본질에 충실한 자율화인가와 경쟁을 위한 자율화인지 지원과 협력을 유도하기 위한 자율화인지, 자율화를 위해 본질적인 과제인지 지엽적인 것인지를 명확히 하는 것이다.

경제 분야에서도 각종 규제가 있는데 그것은 기업의 부당 행위를 막아서 소비자를 보호하기 위한 공정거래법 같은 것이 대표적인 것이다. 교육 분야도 마찬가지일 것이다. 학생을 보호하고 건강한 성장을 유도하기 위해서는 국가 차원의 좋은 규제는 존속해야만 할 것이다.

또 교육은 시장과 달리 경쟁이 아닌 지원과 협력에 의한 자율화가 보다 바람직한 것이다. 일본의 배움의 공동체나 국제학업성취도평가 PISA 세계 1위인 핀란드 교육의 사례가 그것을 웅변한다.

결론적으로 학교 자율화를 위해 '나쁜 규제'는 없애고 '좋은 규제'는 존속시켜야 한다. 무조건 '탈규제'가 자율이 아니라 건강한 자율을 위해 '더 나은 규제'로 나아가는 것이 진정한 자율화인 것이다. 이 점은 영국의 사례를 참고해야 할 것이다. 영국은 1997년에 '탈규제'에서 '더 나은 규제'로 정책 방향을 바꾸면서 '약간의 규제는 공공과 소비자를 위해 필요하다'고 역설했다. 이것을 학교 자율화와 관련짓는다면 '좋은 규제는 교육의 공공성과 학생 보호를 위해 필요하다'고 말할 수 있다.

학교마다 교육과정과 교과서가 다르고 교사마다 평가권이 있으며, 대학은 해당 고등학교의 교육과정이나 교사별 평가 내용을 근거로 학생을 선발한다면 학원이나 사교육이 지금처럼 성행할 수 없는 일이다. 학원, 사교육은 우리 교육의 획일성을 먹고 자란 기형아라고 볼 수 있으며 진정한 자율화는 학교의 역동성과 생명력을 살리는 일이 될 것이다.

교육행정 담당자의 정책 관리 능력의 약화

시도 및 시군교육청의 기능은 정책 개발과 장학이지만 과다한 업무로 역할 수행에 어려움이 있다. 단위 학교를 지원하는 역할을 제대로 수행하기보다는 업무 편의를 위한 획일적이고 기능적인 역할로 축소되어 오히려 단위 학교의 자율과 창의성을 저해하는 요인이 된다.

그리고 교과부나 시도교육청 담당자의 잦은 인사는 정책의 지속성과 일관성을 잃게 한다. 학교교육을 변화시키기 위해 체계적으로 정책을 추진하고 관리하기보다는 기능적으로 업무 자체에 매몰되는 경향이 생긴다. 따라서 현장 중심의 지원 기능이 약화될 수밖에 없다. 담당자의 잦은 교체는 교과부가 더 심한 편이다.

교육 예산 부족

단위 학교 권한 이양과 관련하여 반드시 병행해야 할 문제는 다양하고 창의적인 교육 활동을 지원하기 위해 교육 예산을 확대하는 것이다. 기존의 예산을 효율적으로 편성, 사용하는 것도 중요하지만, 아무리 많은 권한이 있더라도 교육 내용 변화를 수행할 예산이 뒷받침되지 않으면 학교 개혁은 어렵다.

특히 지자체의 예산 지원이 시설이나 환경의 지원도 중요하지만 교육 프로그램 지원 비중을 확대해야 학교 개혁에 실질적인 도움을 줄 수 있다. 이를 위해서 교육청과 지자체의 지원 방향에 대한 논의가 필요하다.

학교평가와 시도교육청 평가의 획일성

현재 추진되고 있는 학교평가를 단위 학교 자율과 창의성 신장을 위한 평가 방향으로 전환하려면 학교 단위에서 구성원들의 참여와 외부 전문가의 지원을 바탕으로 학교를 평가하고 이를 학교 개선에 활용하는 체제를 갖춰야 한다.

현행 학교평가는 외부 평가 중심이며 서류에 의한 지표별 계량화 중심이다. 그리고 평가 지표도 단위 학교 자율성에 근거한 지표가 아니라 공통 지표를 제시하게 되어 학교별 획일성을 유도하는 결과가 온다.

특히 2004년부터 시도교육청만이 학교평가를 실시하고 한국교육개발원에 의한 학교평가는 중단되면서 개별 학교들이 교육 목적을 실현하기 위해서 올바르게 기능하는지를 평가하는 학교평가가 제대로 적용되지 않고 있다. 평가의 방향 및 지표가 학교 고유 업무 수행보다는 시도교육청의 역점 시책을 추진하는 것으로 설정되어 있어서 문제로 지적되고 있다.

시도교육청 평가도 학교평가의 문제점과 유사하다고 본다. 전국적으로 동일한 지표의 적용은 우리 교육을 전국적으로 획일화할 우려가 있고, 이 지표가 다시 학교를 표준화할 위험성이 다분하다. 일부에서는 시도교육청 평가는 의미가 없다는 지적을 하는데 시도별로 유사한 교육정책이 펼쳐지거나 동일한 지표를 적용하게 되어 질적 평가가 아닌 헌신성 평가로 전락했다는 이유에서이다.

교육평가의 획일성

요즘 우리 교육의 역주행을 우려하고 있다. 그 하나의 예가 최근 시행되고 있는 초·중학교의 일제고사 형태의 진단평가, 학업성취도 평가이다. 학업성취도평가는 그동안 지역 단위로 표집 학교를 정하여 실시했다. 그런데 지금까지와는 다르게 일제고사로 부활시켜 치렀고, 일부 교육청에서는 점수는 물론 석차까지 공개하면서 문제가 되었다.

여러 시도교육청이 진단평가의 점수나 석차를 공개했지만 다행히 경기도교육청은 표집해 실시하고 성적은 비공개를 원칙으로 했다. 그 야말로 진단평가의 성격에 맞게 진단을 중심으로 했고, 서열을 매기는 것이 아님을 분명히 한 것이다.

그러나 학업성취도평가는 지역 교육청 단위로 성적이 공개되었고, 그 공개 후유증으로 초등학교마저 마치 중학교 입시가 있던 시절의 분위기로 돌아가는 듯했다.

이러한 일제고사는 국가 수준이나 도교육청 차원의 일제고사를 떠올리기 쉬운데 사실은 일선 학교에도 아직 일제고사가 그대로 남아 있다. 학년별로 동일한 날짜와 내용으로 보는 중간고사, 기말고사가 그 예이다.

1990년대 이후 초등학교는 통지표를 가정으로 보낼 때 수·우·미·양·가식 평정과 석차 기입을 없애고 서술식 질적 평가로 전환했다. 그런데 마치 학력이나 공교육의 질 문제가 점수나 석차 공개가 없어 생긴 문제로 오해하는 것 같다. 그동안 우리 교육에서 평가관이 어떻게 변화돼왔나를 살펴보면 일제고사 형태의 진단평가나 학업성취도

평가가 왜 교육평가의 역주행인가를 알 수 있다.

'평가＝학습, 결과＝시험, 점수＝석차＝커트라인에 의한 선별' 등이 연상되고 이것이 평가라고 믿는다면 문제가 많은 교육평가관이라고 본다. 최근 학업성취도평가가 결국은 이런 관점에서 치른 일제고사라고 볼 수밖에 없다. 언론에 석차까지 공개되고, 이것이 학생들에게 학습 동기를 유발할 수 있다는 논리인 것이다. 그러나 이러한 평가 관점이 국가적인 문제로 대두됐고, 이를 극복하기 위해 선별 중심, 객관식 위주의 양적 평가, 시험지를 통한 간접 평가 등이 아닌 학생들의 직접적인 활동을 통해 질적 평가를 하고, 선별이 아닌 다양한 개인차를 존중하는 것으로 평가관이 바뀌었다. 이는 우리만 그런 것이 아니라 다른 나라들이 앞서 도입한 평가관이다.

이것이 1999년 초·중등학교에 도입된 수행평가인데 1996년 문민정부의 교개위가 그 정책을 입안했던 것이다. 이 수행평가는 소수의 우수 학생을 위해 다수의 낙오자를 만드는 일이 아니라 각자의 능력을 최대한 발휘하도록 이끌어 주는 평가라는 것에 이의를 제기할 사람은 없다고 본다. 교과부나 많은 시도교육청이 교육이나 평가의 본질에 대해 좀 더 성숙한 논의를 해야 할 것이다.

지역사회의 인적, 물적 교류 미약

학교와 지역사회의 연계가 미약한 것은 학교가 지역사회의 인적, 물적 자원을 제대로 활용할 수 없는 여건 때문이라 학교에 일정한 책임이 있지만, 지역사회가 학교를 지원할 수 있는 네트워크가 갖춰져 있지 않은 것도 문제다.

단위 학교의 자율성 확보나 창의적인 학교운영을 위해서도 지역사회의 인적, 물적 자원을 활용하는 것은 중요한 문제라고 본다. 이제 학교만이 학생을 교육하기에는 역부족이고 다양한 요구를 가진 학생들을 위해 지역사회의 참여를 유도해야 한다. 최근 학교에 지원하는 문화예술교육 프로그램이 좋은 사례가 될 것이다.

이러한 지역사회의 역량이 학교에 참여할 수 있도록 예산을 지원하고 지역사회 네트워크가 형성된다면 단위 학교에서 다양하고 창의적인 프로그램을 운영하는 데 많은 도움을 줄 것이다.

학교 내부 요인

단위 학교 교육과정 편성권과 교육 기획력 미흡

단위 학교의 교육과정 편성권 문제는 현재 국가 수준의 교육과정과 시도교육청별 지침을 정비하여 단위 학교에 더 많은 권한을 이양해야 하는 문제이다. 이와 함께 전국적으로 동일한 국정 교과서와 검정이지만 국정이나 다름없이 대동소이한 교과서 발행 제도, 교사의 교육과정 구성 역량의 문제도 함께 생각해야 한다.

현재 수준에서도 단위 학교에서는 교과별 교육과정 범위 안에서 재량껏 재구성할 수 있으며 변화하는 학생들의 요구를 수용하는 다양한 운영도 가능하지만 현재 교육 기획력은 여러 이유에서 부족하다.

따라서 학교 혁신은 학생들의 변화를 담고, 소질과 적성을 최대한 살리는 교육과정을 운영하고, 수업의 질을 어떻게 향상시킬 것인가가 중요한 문제여서 단위 학교 교육과정 편성권 확보가 주요 목표가 되어야 할 것이다.

또 학교 혁신의 중요한 내용은 사무 중심의 학교 조직을 교육과정 운영 중심 조직으로 변화시키고, 교사들의 자발적이고 창의적인 활동이 이루어지도록 민주적인 운영 체제를 강화하는 것이다.

인사권과 순환전보제도의 문제

현재 자율학교는 성격에 따라 교사 초빙 권한이 30~50%에 이르고 있지만 일반 학교의 경우는 특별한 사유가 있을 경우에 전입 요청을 할 수 있는 정도다. 일반 학교의 경우도 지역이나 학생 실태에 따라 자율적으로 운영하기 위해서는 학교운영상 필요로 하는 교사가 있을 수 있다. 따라서 일반 학교도 학교장에게 부여하는 교사 초빙 권한을 자율학교 수준으로 확대할 필요가 있다.

학교 자율성을 저해하는 또 다른 인사상 문제로 순환전보제도를 들 수 있다. 우리의 경우 교원이 한 학교에 근무하는 연한은 보통 2~3년 정도다. 이런 조건에서 자율성이 주어져도 학교의 특색 있는 교육 활동이 지속될 수 없고, 교육력의 보존도 어려운 실정이다. 우리나라에서 나름대로 의미 있는 새로운 학교운영 프로그램이 축적된 학교들은 사립학교들이 많은 편이다. 사립학교 교원의 경우 해당 학교에서 지속적으로 근무하게 되어 교육 활동의 지속성이 보장되고, 교육 활동 내용이 축적되어 학교의 전통이 마련될 수 있기 때문이다.

단위 학교 자율성이 확보되어 교육력이 높아지기 위해서는 지역이나 학교 사정에 따라서는 순환근무제도를 유예하는 것이 필요하다.

또 다음 학년도 학교운영 계획을 사전에 준비할 수 있도록 교원 인사 시기를 최대한 단축하고 단위 학교에서는 다음 학년도 준비를 위해 다음 학년도 업무 및 학년 배정을 최소한 2월 이전에 결정할 수 있도록 지원해야 한다.

행정 업무 중심의 조직 및 업무 과다

현재 학교는 교육 활동 중심의 조직이 아니라 교무 행정 업무 중심의 조직에 가깝다. 단위 학교에서 비록 이름은 교육과정 중심의 조직을 구성했다고 해도 실제 역할은 교육과정보다는 교무 행정 업무 중심으로 전개될 수밖에 없다.

이것은 교육행정 체제가 교육 활동 지원 중심이 아닌 이유도 있고, 많은 교무 행정 업무로 인해 교육과정 중심으로 교사들이 업무를 진행할 수 없는 요인도 있기 때문이다.

단위 학교의 자율성을 바탕으로 교육 내용의 질을 높이기 위해 교사들이 교육 활동에 전념하도록 여건을 마련하고, 획기적인 업무 경감 조치를 취해야 한다. 부담임이나 교무행정 업무 전담이나 지역교육청에서 전담하는 방안 등을 검토할 수 있다.

교원의 자발성, 성취 동기 미흡

최근 성과급이나 교원평가는 교사의 자발성을 경쟁을 통해 유도하기 위한 것이고 성취 동기의 부여 방안으로 추진되고 있다. 그러나 교사의 자발성이나 성취 동기가 낮은 이유를 교사 개인에게 책임을 묻는 것은 순서가 아니라고 본다. 우리 교사들의 자발성이 낮은 이유는 그동안 경직된 교육행정 체제나 학교운영, 기타 여러 요인이 중첩되었기 때문이다.

교원의 자발성, 성취 동기가 미흡한 것은 단위 학교의 변화를 어렵게 하는 요인이기도 하다. 따라서 교원의 자발성을 높이기 위한 제도적, 정책적 지원이 우선될 필요가 있다.

아이들 표정!

2007년 9월 12일, 부임한 지 열이틀째 되는 날, 수첩에는 이렇게 적혀 있었다. "아이들 표정!" 짧은 시간에 조현에서 만난 많은 아이들의 표정은 무표정, 짜증, 분노 이런 것들이 대부분이었다. 어디 조현초 아이들만 그런가? 내가 조현에 오기 전에 근무하던 학교 아이들 표정도 대부분 그랬다. "아이들 표정!"이라고 적은 것은 그래도 시골 아이들인데 설마 했다가 그렇지 않다는 사실을 확인하고 이를 기록하려는 의도였다.

작년에 우리 학교에 와서 학부모 강연을 한 적이 있는 도종환 시인의 〈어릴 때 내 꿈은〉이란 시가 있다. 일부 소개하면 이렇다.

어릴 때 내 꿈은 선생님이 되는 거였어요 / 나뭇잎 냄새 나는 계집애들과 / 먹머루빛 눈 가진 초롱초롱한 사내 녀석들에게 / 시도 가르치고 살아가는 이야기도 들려주며 / 창밖의 햇살이 언제나 교실 안에도 가득한 / 그런 학교의 선생님이 되는 거였어요

'나뭇잎 냄새 나는 계집애, 먹머루빛 눈 가진 사내 녀석들', 얼마나 아름다운 시인가? 그런데 그런 게 아니었다. 이 무표정, 짜증, 분노의

표정을 어떻게 되돌릴 수 있을까? 우리 학교뿐만 아니라 대한민국의 많은 아이들의 표정 바꾸기를 내가, 아니 우리가 할 수 있을까? 그게 하고 싶어서 조현초에 공모 교장으로 왔는데 말이다.

나는 종교처럼 믿는 게 있다. 어떤 아이들도 자주성-누구나 자기 삶을 스스로 가꾸는 능력-이 있고, 변화, 발전할 수 있다는 믿음. 다만 학교에서 그 기회를 주는 것이 문제다. 그 기회라는 것은 교사일 수 있고, 교육 프로그램일 수도 있다. 그 둘이면 더욱 좋을 것이다. 2007년에 준비하여 지금 3년째 실행하는 조현초 교육 프로그램은 거기서 출발한다.

나는 우리 아이들 표정을 보면서 수많은 사람들을 떠올렸다. 깡패인 친구가 중학교만 졸업하고 놀다가 어떤 계기로 공부를 해서 교사가 된 친구, 동네 건달로 고등학교만 졸업하고 놀다가 경찰이 된 친구, 공고를 진학하여 구멍가게에서 일하다가 대학 교수가 된 친구, 평소에 수학에 취미가 있던 카이스트에 다니는 제자, ADHD 제자가 변하는 모습, 학교에서 근신, 정학을 반복하던 친구가 지금은 건설회사 사장으로 만나기조차 어려운 친구….

그런데 그 친구들의 변화 계기는 거의 사회에 나가서였다. 왜 학교는 그런 계기를 주지 못하는 걸까? 초1에서 고3까지 12년의 긴 시간인데 말이다. 그런 점에서 아이들의 표정은 학교도 책임이 있다. 누구나 어떤 상황에서라도 존중받아야 되고, 자기의 능력-그 능력은 정말 다양할 수 있다-을 인정받아야 하며, 그럴 수 있도록 학교는 아이들에게 다양한 기회를 주는 것. 그게 학교가 아닐까? 우리 아이들을 행복한 표정으로 바꾸는 일, 우리 조현초는 할 수 있다고 믿었다.

3.

학교 어떻게 바꿀 것인가

무엇을 바꾸고자 했나?

우리 교육의 새로운 모델을 위하여

우리 학교는 앞서 적은 우리 교육의 과제를 바탕으로 학교의 지향을 크게 네 가지로 구분했다. ① 교육 내용의 획일성을 극복하기 위한 '교육 내용의 다양화' ② 도농 격차 해소를 위한 교육 복지 측면의 노력 ③ 지역사회에 기여하는 학교 ④ 교원의 자발성으로 농촌 학교의 새로운 모델 만들기가 그것이다.

따라서 우리 학교의 교육 내용은 모두 위의 네 가지 관점에서 구성되어있다. ① 교육 내용의 다양화 문제가 사교육 경감, 평준화와 비평준화 논쟁, 미래 사회에 적합한 인재 양성, 공교육 내실화 등으로 표현하는 우리 교육의 일반적인 과제 해결을 위한 대안적 노력이라면 ② 도농 격차 해소 문제는 농촌 지역에 위치한 우리 학교의 특수성에 대한 대안이며 ③지역사회에 기여하는 학교는 학교의 역할을 '자녀를 가르치고, 학부모, 지역사회와 소통하는 곳'이라는 관점을 넘어 학교가 지역사회 발전에 어떻게 기여할 수 있는가라는 보다 적극적인 시도이다. ④교원의 자발성으로 농촌 학교의 새로운 모델 만들기라는 것은 앞의 세 가지를 이루기 위한 원동력은 결국 교원의 자발성 여부에 달렸기 때문이다. 자발성이나 헌신성 정도는 우리 학교 구성원의 합의와 조건일 수밖에 없을 것이다. 그러나 구성원이 토론하는 과정에서 합의의 수준은 높아질 수 있고, 변화의 폭이 결정될 것이다. 이 변화의 폭은 우리 학교 교원들의 성장과도 함께할 것이다.

이 네 가지 과제는 우리 교육이 크게 변하지 않는 이상 우리 학교의 존재 이유, 정체성의 문제가 될 것이다. 하지만 이 문제에 대한 우선적인 합의는 교직원들의 합의가 중요하며 다음이 학부모와의 합의이다. 사실 우리 학교의 내용적 지향 혹은 정체성에 대한 위의 네 가지 수준은 지금 학교의 조건이나 교사의 조건에서는 상당히 높은 것이라고 본다. 특히 교사들의 경우 학교교육에 대한 다양한 관심 영역이 있다. 특정 교과에 관심이 있는 교사, 특정 영역(통일, 환경, 예술, 스포츠, 학생 생활, 지역 활동 등)에 관심이 있는 교사, 수업 방법에 대해 관심이 있는 교사, 학급운영에 관심이 있는 교사 등이다.

교사들은 자기 관심 영역과 관점에서 교육 활동을 바라볼 가능성도 많다. 교사들이 개인적인 관심을 넘어 우리 교육의 과제를 분석하고 대안을 찾는 등 학교교육의 변화를 위해 노력하기 위해서는 상당한 수준의 동의를 필요로 한다. 이 과정이 교사와 학교의 성장 과정이라고 생각한다.

그동안 학교 변화를 위해 노력하는 여러 학교들의 내용적인 노력을 보면 몇 가지 유형을 발견할 수 있다.

첫째, 재량·특활 영역에서 창의적인 내용을 구성하는 학교, 둘째, 재량·특활 영역에서 교과 영역의 일부를 재구성하는 학교, 셋째, 재량·특활·교과의 모든 영역의 변화를 시도하는 학교, 넷째, 재량·특활·교과의 재구성에서 수업, 평가까지 변화를 시도하는 학교 등이다.

우리 학교는 넷째 유형인 만큼 그 변화의 폭이 크고 그런 만큼 교사들의 부담도 클 수밖에 없다. 특히 여기서 수업 방법의 혁신이 학교 변화에 어떤 기여를 하는가가 관심사인데, 우리 학교에서는 학교 교육과정 변화의 핵심을 '어떤 내용을 가르칠 것인가?'의 문제가 우리 교육과 학교의 문제를 해결할 수 있는 것이라고 보고 1, 2년차에 학교 교육과정의 내용 재구성과 평가에 중점을 두었다. 내용 재구성과 평가를 바탕으로 3년차부터 수업의 혁신을 순차적으로 진행했다.

학교 변화의 핵심을 '수업 방법의 혁신'에 둘 경우 이것이 의미 있는 것이긴 해도 우리 학교교육의 문제점에 대한 대안 모색이나 학교 변화의 구체적인 상을 그리기에는 미흡할 수 있다는 생각에서이다. 또 다른 문제로 자칫 학교 변화의 지체가 교사들의 개인적인 노력(수업) 문제로 여겨질 수 있어서 우리 학교교육의 근본 문제를 푸는 데는 관점의 협소함이 문제가 될 수 있다.

이러한 고민은 2009년 봄, 서울에서 있었던 사토 마나부 교수의 '배움의 공동체' 관련 토론회에서도 이야기한 바 있다.

사토 나마부 교수가 말한 일본 교육의 위기 징후들은 우리나라 교육에서도 동일하게 나타난다. 우리는 서구 300년의 근대화를 30년에 걸쳐 고도로 압축 달성했으니 어쩌면 일본보다 위기의 정도가 심할 수도 있다.

또 산업사회에서 지식기반사회로 급속히 이행하는 과정에서 소위 '동아시아형 교육'의 부적응으로 혼란을 겪고 있다는 점에도 동의한다. 그 혼란에다 신자유주의와 신보수주의라는 정치 경제적인 지형이 교육의 건강한 진전을 왜곡시켜 학생들은 '배움으로부터 도주'를 한다는 관점에도 공감한다.

그러나 '배움으로부터 도주'의 주요 원인을 산업사회에서 지식기반사회로의 이행에서 찾을 것인지, 신자유주의와 신보수주의에서 찾을 것인지에 따라 대응은 달라질 수 있다고 본다. 물론 일본이나 우리나라의 경우 두 가지가 중첩되어있어 분리하여 생각할 수 없는 문제지만 대응의 강조점은 달라질 수 있다고 본다.

사토 마나부 교수는 '배움의 공동체 학교 개혁은 학교를 시장 원리의 경쟁으로 통제하여 공교육을 사사화私事化하고 민영화하는 신자유주의 이데올로기와 정책에 대항하는 개혁으로 전개해왔다'는 내용으로 볼 때 신자유주의, 신보수주의에 강조점을 두는 것 같다. 그러나 나는 '동아시아형 교육'의 '배움으로부터 도주'는 지식기반사회와 학생의 변화를 따라가지 못하는 산업사회형 학교교육에 더 강조점을 둬야 한다고 본다.

학생의 변화를 몇 가지로 정리하면 우선 학생들의 지식관이 변했다. 지식기반사회에 익숙한 아이들에게 고정된 표준 지식이란 존재할 수 없고, 그것이 앞으로 살아가는 데 절대적으로 중요하다고 생각하고 있다. 학교교육에 대한 요구도 달라졌다. 기성세대의 학교교육에 대한 요구는 '학교교육을 통한 사회 경제적 신분 상승'이었으나 요즘 학생들의 요구는 '하고 싶은 일을 하면서 살 수 있도록 학교가 도와주었으면 좋겠다'는 것이다. 또 지식의 성격도 단순 교과 중심에서 통합적 지식을 요구하고 있다.

그러나 학교는 변화된 학생의 가치나 의식을 반영할 수 없는 산업사회형 교육 시스템이어서 '배움으로부터 도주' 현상이 일어난다고 본다. 이 경우에 대응하는 방법은 산업사회형의 획일적인 교육 내용을 '다양한 교육 내용'으로 전환하는 것이라고 보며 그것의 일차적인 과제는 '학교 교육과정의 다양화'라고 보는 것이다. 또 다른 측면에서 우리 교육의 주요 과제를 볼 때도 그렇다. 초등은 전국의 모든 학생이 동일한 국정 교과서로 공부를 하고, 중등은 비록 검정 교과서가 대부분이라고 해도 교과서 내용의 차이는 크게 없다. 학교별 교육과정도 전국의 모든 학교가 유사하다.

이런 가운데 평준화 이후 '교육 내용의 다양화'를 이루지 못해서 특목고, 자사고 등의 '학교 체제 다양화'라는 왜곡된 정책이 나왔고 공교육의 지향인 수월성과 형평성이 결코 대립되지 않는 것임에도 대립되는 현상이 벌어졌다.

사토 마나부 교수는 신자유주의에서 '경쟁'이나 '선택'의 강요를 극복하기 위한 것에 강조점을 두었다고 보고, 따라서 공생, 협동의 가치 실현을 수업에서 찾지 않았나 하는 생각이다.

교육과정과 수업의 개혁을 동시에 이루기는 무척 힘이 들기에 우리 학교에서는 '수업'보다는 '교육과정'을 우선 생각했고, 사토 마나부 교수의 책 이름 '수업이 바뀌면 학교가 바뀐다'는 말을 빌려 '교육과정이 바뀌면 아이들의 삶이 바뀐다'는 생각을 했다. (이하 생략)

_09년 사토 마나부 교수 초청 토론회 원고

교육 희망 만들기, 혁신학교

2008년부터 운영한 조현초는 2009년 9월 1일 자로 경기도교육청의 혁신학교로 지정받았다. 1년 6개월의 운영을 바탕으로 우리 학교의 교육 활동을 다른 학교와 나눈다는 의미도 있고, 경기도교육청이 세운 혁신학교의 지향은 우리 학교의 지향과 일치하여 동참하고 싶었던 것이다.

무엇보다 경기도교육청의 혁신학교 사업은 이전의 교과부나 도교육청의 사업 방식과 달라 우리 학교 선생님들도 참여에 적극적이었다. 경기도의 혁신학교는 2011년 말 기준으로 약 100개의 초·중등 혁신학교를 운영하게 된다. 지정 연도가 가장 오랜 학교가 2년차를 맞이하지만 그 성과는 상당하다.

혁신학교의 무엇이 빠른 시간 안에 많은 교사들과 학부모들에게서 열띤 반응을 얻어냈을까? 그것은 앞서 말한 대로 그동안의 교과부나 도교육청의 각종 정책 사업과 방식을 달리하는 데서 이유를 찾을 수 있다.

그동안 우리나라에서 교육 개혁에 대한 논의가 지속되고 여러 정책들이 추진되고 있지만 여전히 우리나라 교육의 본질적인 문제는 크게 완화되거나 해소되지 않고 있다. 이런 경험에 근거하여 교육 문제는 항상 존재하는 것이고, 어떠한 정책도 큰 효과를 볼 수 없다는 자조적인 목소리가 많다. 또 많은 교원들과 학부모들은 정권이 바뀔 때마다 교육 개혁이라는 이름으로 각종 정책이 추진되지만 정권이 바뀌면 곧 사라질 것으로 보거나 시작은 요란하지만 별 효과 없이 용두사미가 될 것으로 예상하여 정책의 현장 착근이 어려운 조건이기도 했다.

그동안 우리나라 교육 개혁의 몇 가지 문제점을 정리하면 다음과 같다. 첫째, 교육철학의 빈곤과 정권에 따라 일관성이 없다. 둘째, 장기적인 안목이 결여되어 성과주의에 급급한 면이 있다. 셋째, 시스템적인 개혁이 아니라 부분적이고 기능적인 접근을 한다. 넷째, 교원들을 교육 개혁의 주체로 세우기보다는 대상화한 측면이 있다.

그러나 경기도교육청에서 추진하는 혁신학교 정책은 이와 달리 몇 가지 주요한 특징들이 있다. 일부에서는 교과부 정책 학교와 경기도 혁신학교를 문서상으로 봤을 때 큰 차별성은 없다고 말하는데 사업 추진 과제를 봤을 때는 그렇게 보일 수 있지만 그 과제의 지향이나 세부 추진 과제에서는 성격이 많이 다르다. 또 일부에서는 교장의 리더십, 예산, 행정 지원의 집중화로 보고 있지만 이것도 그동안 교과부나 도교육청의 정책 학교에 동일하게 적용되었다. 가장 큰 차이는 '교원의 자발성'에 근거한 정책 여부와 '지속적인 정책 관리 역량'으로 판단된다. 이 점이 혁신학교가 단기간에 가시적인 효과를 거둘 수 있는 요인이다. 무엇보다 혁신학교 철학에 동의하는 교사들의 참여를 지원하고, 혁신학교를 지정할 때 혁신학교를 운영할 역량이나 철학이 있는 교원들의 유무를 우선 반영하고 있기 때문이다. 지향성에서도 차이가 있는데 경쟁 논리에 근거한 학교운영이 아닌 협력과 성장이라는 관점에서 운영되고 있다.

경기도교육청이 추진하는 혁신학교는 우리나라 교육을 바로 세울 주춧돌을 다지는 역할이며 또한 변하는 교육 환경에 유연하게 대응하면서 변하지 않아야 할 교육적 가치에 대한 확고한 신뢰의 표현이다. 그것은 우리 교육이 지향해야 할 올바른 방향이라고 보며 대안으로 생각하고 있다.

혁신교육의 철학이 의미를 갖기 위해서는 교육 내용의 획일성으로 인한 입시 제도, 사교육, 왜곡된 학력, 교육의 형평성과 수월성의 문제가 정리되어야 하며, 교육 지원이 행정의 경직성에도 큰 폭의 전환을 가져와야 한다. 이 문제가 해소되지 않는다면 우리 교육에서 혁신교육이란 하나의 설계도에 지나지 않을 것이다. 이 점이 걱정된다. 경기 교육에서 혁신학교는 앞에서 말한 우리 교육의 주요 과제에 대한 본격적인 대안을 마련하고 있는데, 특히 지식, 기능 중심의 획일적이고 단순 반복하는 학습에 대한 대안으로서 창의 지성 교육을 구체화하고 있다. 창의 지성 교육은 분석, 비판, 종합력, 창의력 등의 깊이 있는 지적 능력을 기르고, 삶에서 자기 생각을 가꾸고 가치와 태도를 기르는 것이다.

또 학생생활인권조례는, 학생은 교육의 대상이라는 근대적 패러다임의 종식이고, 우리 교육이나 삶에서 학생이 주체로 서는 일이고, 인간으로서 누려야 할 보편적인 가치에 대한 인식의 지평을 넓히는 것이다. 무상급식으로 대표되는 교육 복지 담론은 삶의 질을 높이기 위한 국가의 역할이 무엇이어야 하는지 경각심을 일깨운 것이라고 본다.

혁신학교 운영은 비록 2년차에 접어들었지만, 우리 교육에 던진 화두는 상당하다. 경기도의 혁신교육이 안정적으로 진행되어 누적된 우리 교육의 과제 해결과 함께 우리나라 교육을 한 단계 도약시키는 데 밑거름이 될 것으로 기대한다. 조현초도 그 길에 지속적으로 동참하게 될 것이다.

어떤 내용인가?

조현 교육의 배경과 지향

교장공모제의 단점이자 동시에 장점이 될 수 있는 것은 사전에 해당 학교의 변화를 위한 밑그림을 가지고 간다는 점이다. 그런 점에서 교장 주도성이 강할 수밖에 없고, 그로 인해 초기 학교 변화의 내용을 교사들이 주체가 되어 만들어가는 부분이 약할 수도 있다.

그러나 이는 공모 과정 시 공모 교장이 제시한 학교운영계획서를 검토하는 과정에서 교사들이 주도적으로 참여하게 된다면 보완할 수 있는 문제로 본다. 그러나 실제 교장공모제가 진행되는 것을 보면 공모 교장의 학교운영계획서를 꼼꼼히 검토하지 않는다. 그리고 공무 절차상 검토할 여지를 주기 어렵다. 따라서 교장 부임 이후 이미 제안한 학교운영계획서를 검토하고 조정할 수밖에 없다.

장점이라면 공모 교장의 학교운영계획서를 바탕으로 학교 변화의 상을 토론하고, 합의하는 과정에서 교사들의 자발적 참여가 이루어지는 형태−곧 시작은 교장 주도이나 합의를 통한 교사 주도나 공동 참여−로 바뀔 수 있다는 점일 것이다. 조현초가 바로 이 경우에 해당된다. 많은 공모제 학교가 이런 경로를 철저히 밟아간다면 좋은 사례를 만들 수 있을 것이다.

이런 순차적인 형식을 극복하기 위한 방법으로 경기도교육청의 혁신학교 공모 방식처럼 교장 공모 때 뜻을 함께하는 교사들이 참여하여 학교운영계획서를 만들고 공모 교장과 교사들이 함께 학교운영계획서를 제출하는 방안도 검토할 만하다.

어쨌든 우리 학교의 변화상은 공모 때 제시한 학교운영계획서를 충실히 반영한 것으로 공모 교장으로서는 학부모나 교사들에게 제시한 공약을 충분하게 이행하고 있는 셈이다.

조현초는 어떤 학교를 지향하는가? 학교 교육과정 계획을 세울 때 앞서 말한 네 가지 ① 교육 내용의 획일성을 극복하기 위한 '교육 내용의 다양화' ② 도농 격차 해소를 위한 교육 복지 측면의 노력 ③ 지역사회에 기여하는 학교 ④ 교원의 자발성으로 농촌 학교의 새로운 모델 만들기가 그것이다. 좀 더 구체적인 지향은 앞의 네 가지 틀 안에서 우리 학교의 사정-지역 특성, 학생, 학부모, 교원 조건-을 반영한 것인데 다음과 같은 내용들이다.

- 국가 수준의 교육과정 분권화를 위해 창의적이고 개성적인 학교 교육과정이 살아있는 학교
- 교육 내용의 획일성을 극복하기 위해 교육 내용을 재구성하고 교과서에 의존하지 않는 학교
- 교사 중심의 수업에서 학생 중심, 활동 중심의 질 높은 수업
- 왜곡된 학력 개념을 극복하기 위해 정의적 능력의 신장과 자기 진로에 따른 모두의 수월성을 보장하는 학교
- 교육력 축적이 되지 않는 인사 제도를 극복하고 학교 발전의 지속성을 위해 4년 이상 근무가 가능한 학교
- 평가의 획일성을 극복하기 위해 질적 평가와 교사별 평가를 하는 학교
- 학생 자치와 인권이 보장되고 교사와 학생이 함께 만들어가는 학교
- 교육 복지 실현을 위해 학부모 경비 부담이 없고, 뒤떨어지는 아이들에 대해 적극적으로 지원하는 학교
- 이농, 학생 수 감소, 농업 소득의 감소 등 농촌 지역의 특수성을 고려하여 지역사회에 기여하는 학교

2007년 당시, 학교 교육과정 수립에 영향을 주는 조현초의 장점은 생태 환경이 좋고 작은 학교라는 점이었고, 단점은 문화예술 기반 시

설이 전무하다는 점이었다. 그리고 학생들의 경우 결손 가정이나 보육 지원이 필요한 맞벌이 가정이 전체 학생의 25% 정도를 차지하고 있었다.

학부모들은 학력 향상에 관심이 아주 많은 편이었다. 학력 향상은 우리나라 학부모의 공통된 관심사이지만 학력의 개념을 어떻게 설정할 것인가는 많은 논의가 필요한 문제다. 우리 학교에서 학력을 어떻게 보는가에 대한 토론 자료의 일부를 소개하면 다음과 같다.

학력이란 무엇인가?

■ 학력의 개념

전통적 의미의 학력은 정보의 획득, 기억, 재생으로 보고 있다. 그러나 이러한 개념은 정보의 폭발적인 증가와 함께 21세기 지식정보화사회를 맞이하여 수정이 불가피해졌다. 이러한 세기에 학력은 정보를 다루는 능력으로 개념이 변화되면서, 정보의 가치를 모종의 기준에 비추어 그 질과 가치를 판단하고 선택하는 능력, 정보를 하나의 시스템 속에 종합하고 통합하는 능력, 전체 정보를 통제하고 제어하고 점검하는 능력, 아울러 새로운 정보와 지식 체계를 창안하고 구상하는 능력 등을 포함하는 개념으로 바뀌고 있다. 외국의 경우에도 교과 내용 의존적인 학업성취도를 측정하지 않고 학업 적성을 측정하고 있다는 점을 고려한다면 학력의 개념은 시대에 맞게 바꿔야 할 필요성이 있는 것이다.

이에 따라 21세기를 준비하는 학력의 개념에는 지식과 지적 능력과

정의적 능력을 포함하는 개념으로 설정해야 할 것이다. 여기에서 지식은 전통적인 의미의 학력을 뜻하는 정보의 획득, 기억, 재생과 같은 능력을 뜻하며, 지적 능력은 논리적 사고력, 문제 해결 능력 등과 같은 인지 능력을 뜻하며, 정의적 능력은 성취동기, 모험심, 호기심, 신념과 의지, 추진력 등을 뜻하는 개념으로 말할 수 있다. 이렇게 본다면 학력 향상의 기본 방향도 지식과 지적 능력과 정의적 능력을 향상시키는 방향으로 나아가야 할 것이다.

■ 지식정보화시대의 학력

학력은 교과 내용 중심의 지식과 지식을 재구조화할 수 있는 지적 능력, 성취동기를 갖고 강하게 추진할 수 있는 정의적 능력과 밀접한 관련을 맺고 있다고 할 수 있다. 한편, 교육은 언제 어디서나 이루어질 전망이다. 정보 통신 기술의 발달로 가정에서, 학교에서, 거리에서 교육이 가능해질 것이다. 여기에서도 주목되고 있는 것은 학생들 스스로 선택하는 정보와 재구성하는 정보가 무엇인가 하는 문제, 이 과정에서 교사가 어떤 역할을 해야 할 것인가의 문제 등이라고 할 수 있다.

이러한 시대에 교육은 전통적으로 고수했던 정답만을 가르친다거나 지식을 일방적으로 수용하게 하는 교육이 되어서는 안 된다는 것이다.

_경기도교육청의 자료에서 발췌

핀란드의 교육

■ 소수 엘리트만 분리하여 가르치려는 발상은 잘못

직업과 직장에 따라, 또 정규직, 비정규직 등 고용 조건에 따라 소득과 고용 안정성, 노동조건, 사회적 평판 등에서 큰 차이가 빚어지는 한국과 달리 이런 차이가 적은 사회에서는 수입이나 고용 안정성이 높은 직업을 얻을 수 있다는 이유로 적성에 맞지 않는 학과에 억지로 입학하려는 현상을 이해하기 어려운 게 당연하다.

또 비슷한 능력을 갖고 비슷한 일을 하면 대체로 비슷한 보상이 돌아오는 사회에서는 군이 학벌을 통해 스스로를 구별 지으려 애쓸 필요가 없다. 따라서 군이 유명 대학을 고집할 필요도 적다.

그래서 한국의 치열한 입시 경쟁에 대해 이야기할 때면, 종종 대화가 겉돌았다. 사회 문화적 조건이 너무 달랐기 때문. 하지만 모든 이야기가 겉돌기만 한 것은 아니었다. 오히려 이런 차이를 넘어 통할 수 있는 원칙에 대해 이야기할 때면, 존슨 교장의 목소리에 힘이 실렸다.

"소수 엘리트만을 분리하여 가르치려는 발상은 잘못이다. 다양한 능력을 가진 학생이 함께 모여 배울 때, 진정한 교육이 가능하다. 학교 안에 다양성이 깃들어야 한다는 것은 어느 사회에서나 통하는 원칙이다"라는 게 그의 생각이다.

획일적인 기준으로 걸러진 균질한 학생들로 채워진 학교들을 입학 기준의 높낮이에 따라 줄 세우는 방식을 '학교의 다양화'라 부르며 옹호하는 이들과 달리, 평준화된 학교 안에 다양한 학생들이 모이게끔 해야 한다는 존슨 교장의 신념은 견고해 보였다. 18, 19일 존슨 교장과 나눈 이야기를 간추려 정리했다.

■ 다양한 학생과 어울리는 법 배우는 곳이 학교다

　－한국에서는 '고교평준화' 정책의 지속 여부를 둘러싼 논란이 뜨겁다. 성적이 우수한 학생을 따로 모아 가르치는 방식에 대해 어떻게 보나.

　"이해할 수 없는 방식이다. 학교는 사회의 축소판이다. 따라서 학교에서 다양한 학생들과 어울려 지내는 법을 배워야 한다. 그런데 우수한 학생끼리만 어울리게 한다면, 그것은 교육이 아니다. 또 우수한 학생들이 빠져나가면, 나머지 학생들이 모인 학교는 어떻게 되는가. 그렇게 특정 부류의 학생들을 분리해서는 학교 시스템이 정상적으로 운영될 수 없다."

　－한국에는 '성적이 우수한 학생을 따로 모아 가르치는 방식'을 학교의 다양화라는 명분으로 옹호하는 이들이 있다.

　"다양성은 매우 중요한 개념이다. 하지만 그것은 '학교의 다양화'가 아닌 '학습의 다양화'로 구현돼야 한다. 핀란드에서는 학생들의 능력과 적성, 흥미에 따라 다양한 학습 경로가 제시된다. 각기 다른 학습 경로를 따르는 학생들이 같은 학교에서 어울리기 때문에 교육 효과는 더욱 커진다."

■ '학교의 다양화'가 아니라 '학습의 다양화'를 추구한다

　－학교 간 서열화 현상을 낳을 수 있는 '학교의 다양화' 대신 평준화 체제를 유지하면서 '학습의 다양화'를 추구하는 것이 인상적이다. 다양성을 명분으로 평준화를 비난하는 목소리가 높은 한국 상황에 비

춰볼 때, 시사점이 많다.

"정부가 교육과정 편성에 대한 권한을 교사들에게 이양하는 게 관건이다. 핀란드에서는 교사들이 자율적으로 교육과정을 편성한다. 그래서 교사들이 직접 학생들의 수준을 파악하여 다양한 교육과정을 제시한다. 같은 과목이라도, 학생의 관심과 능력에 따라 다른 과정을 선택할 수 있도록 하는 것이다. 이렇게 하면 평준화 체제 안에서도 충분히 다양성을 구현할 수 있다. 이처럼 교사가 자율적으로 다양한 교육과정을 편성하게 된 것은 1970년대부터다. 2차대전 직후부터 20년 가까운 기간 동안 토론을 거친 끝에 내려진 결론이라서, 어떤 정권이 들어서도 함부로 바꾸기 어렵다. 교사가 자율적으로 교육과정을 편성할 수 있게 된 배경에는 교사를 신뢰하는 사회 분위기가 있다. 여느 유럽 국가들과 비교할 때 핀란드 교사의 수준은 높은 편이다. 그래서 자부심도 매우 강하다. 외국에서는 대학 교수들이 누리는 권리인 교육과정 편성권을 핀란드 교사들이 가지게 된 것은 이런 자부심과 신뢰 때문에 가능했다."

■ 학교에 '석차'를 매기다니…… 매우 비교육적이다

─한국 고등학생들이 진학할 대학 및 학과를 결정할 때, 가장 많이 참고하는 것은 입시 배치표. 전국의 모든 대학 및 학과가 점수에 따라 서열화돼있다. 배치표의 위쪽에 있는 대학 및 학과에 진학하기 위한 경쟁이 치열하다. 이들 대학 및 학과를 졸업하면 상대적으로 좋은 대우를 받을 가능성이 높다.

"상상하기 힘든 풍경이다. 핀란드의 경우, 학생들이 지망 대학을 결정할 때 가장 큰 변수로 작용하는 것은 '친구'다. 함께 어울리는 친구들이 선호하는 대학에 진학하려는 경향이 두드러진다. 물론 어느 대학을 나왔는지, 혹은 어떤 전공을 택하여 어떤 직업을 얻었는지에 따른 차이가 작기 때문에 생겨난 현상일 수도 있다. 하지만 어떻게 학교에 '석차'를 부여할 수 있나. 매우 비교육적이다. 핀란드 사회 분위기에서라면 받아들여지기 힘들다."

　－대학들에 대해 여러 기준에 따른 순위를 매기는 것은 한국만이 아니다. 외국 언론의 보도를 봐도 알 수 있다.

　"핀란드에서는 특정 대학만을 유독 선호하거나, 대학 간의 순위를 매기는 일은 거의 일어나지 않는다. 하지만 외국 언론이 핀란드의 몇몇 대학들을 지목하여 순위를 매기는 경우가 있다. 핀란드인들은 이런 보도에 별 관심이 없다. 그리고 저마다 고유한 특징을 갖고 있기 마련인 학교교육을 한 줄로 세워놓고 '석차'를 부여하는 게 애당초 가능한 일이라고 여기지도 않는다."

■ 경쟁은 학생을 바보로 만든다

　－경쟁이 있는 한, 순위를 매기는 것, 즉 서열화 현상을 피할 수 없다. 경쟁이 갖는 교육적 효과에 대해 어떻게 생각하나.

　"경쟁은 교육에 매우 해롭다. 학교는 학생들이 경쟁하는 곳이 아니라 '교육 협력체'다. 학생들은 경쟁이 아니라 서로 협동하는 과정에서 더 많이 배운다. 따라서 학교 안에서 지나친 경쟁이 빚어지지 않도록 주의해야 한다."

　－경쟁이 교육에 미치는 해악에 대한 생각을 보다 자세히 듣고 싶다.

"우선 경쟁에 대한 부담은 사고력을 약화시킨다. 깊은 생각을 할 여유가 사라지기 때문이다. 그리고 다른 사람과 협동하는 능력을 기를 기회가 줄어든다. 또 경쟁에서 뒤처진 학생은 지나치게 심한 스트레스를 겪는다. 이런 스트레스는 심각한 문제다. 공부는 즐거운 일이다. 그런데 심한 스트레스를 받으면, 공부를 고통으로 여기게 된다. 물론 이웃 국가들이 경쟁을 강화하는 교육제도를 도입하고 있다는 사실을 알고 있다. 경쟁이 가진 순기능이 있다는 점을 부정하지는 않는다. 하지만 적어도 핀란드에서는 학생들을 고통으로 몰아넣는 경쟁은 잘못이라는 인식이 지배적이다. 또 아직까지는 경쟁을 배제하고 협력을 강조하는 방식이 충분히 성공적이었다고 본다."

_전교조 신문 〈교육희망〉에서 일부 발췌

혁신학교의 핵심 과제 : 교육 내용의 다양화

교육 내용의 다양화를 위한 주요 사업은 '조현 교육과정 9형태'이다. 이것은 획일적인 교육 내용을 극복하기 위한 것이고, 학교 체제 중심의 다양화 방안에 대한 대안이며, 사회의 변화에 따른 학습 역량의 강화와 우리 학교의 지역, 학생의 여건을 고려한 것이다. 교육 내용의 다양화는 교육과정의 다양화와 동일한 의미이고 더 자세히 말하면 교육목표와 교육 내용, 수업, 평가의 혁신이 그 핵심 과제가 된다. 이것이 혁신학교로서 정체성이라고 보았다. 조현초에서 가장 중요하게 추진된 것은 교육 내용의 재구성, 수업의 관점 혁신, 평가의 혁신이다.

교과 영역에서 여섯 가지 형태로 재구성하고, 재량활동(한 가지 형태)과 특별활동(두 가지 형태)을 조현 교육의 배경과 지향에 맞는 형태로 재구성한 것이다. 그리고 교육 내용의 다양화는 조현 교육과정 9형태나 각 교과 활동을 지원하기 위한 다양한 프로그램으로 구성되어 있다.

학교 교육과정을 다양하게 재구성하는 방안은 여러 가지가 있을 것이다. 재구성의 정점에 서머힐처럼 정해진 교육 내용이 없고, 어떤 강요도 없이 학생의 자발성에 따른 내용 선정이나 무학년제가 있을 것이다. 그러나 우리 학교의 재구성 수준은 각 교과 내에서 조현 교육의 지향에 맞는 내용의 선정 및 강조, 부분적인 교과 간 통합이다. 이 통합도 여러 수준이 있을 수 있다.

예를 들어 두 가지 이상의 학문 분야를 결합시키거나 관련시키는 간학문적 통합, 사회 및 자연현상과 인간의 생활에서 나타나는 문제나 주제와 관련하여 그 해결 방법을 모색하는 과정에서 여러 가지 학문을 다양하게 동원하여 활용하는 다학문적 통합, 학문 중심에서 학생 중심으로 학문이나 교과의 틀을 벗어나 학습 내용을 통합하는 탈학문적 통합 등이다. 우리 학교에서 통합학습은 간학문적 통합이며 창조학습이나 생태학습은 탈학문적 통합 유형에 가깝다.

우리 학교의 재구성 수준은 그리 높다고 볼 수 없지만, 다른 학교와 비교할 때는 상대적으로 많은 변화가 있다. 그만큼 우리나라 학교교육의 획일성이 강하다는 반증일 것이다.

또 다양한 재구성을 위한 노력은 교사들의 준비 정도나 예산이 매우 중요한 변수가 될 수밖에 없다. 재구성한 많은 학습 형태, 즉 문화예술학습(무용, 연극, 디자인, 뮤지컬), 창조학습(생태, 문화예술교육)은 외부 전문 강사와 함께 지도한다.

이 부분에서 많은 고민을 했다. 학교의 여건상 이러한 교육은 필요하나 우리 교사들의 역량으로는 하기 어렵다. 교사들이 한다고 해도 업무 부담이나 자기 반 이외의 전교생을 대상으로 지도하기 위한 시간을 확보하기 어려워 지속하는 데 어려움이 있다. 우리나라 교대나 사대의 교육과정이 분과 학문 체계로 운영되기 때문에 기존 교사의 역량만으로는 다양한 교육과정 구성이 어렵다. 따라서 다양한 교

[조현 꿈자람 교육과정] – 교육과정 9형태 시간 배당

학습 형태	관련 교과	내용	시간 배치	연간 시수 (40분 단위)
디딤돌학습	국어, 수학	연산, 어휘 중심	월, 화, 수, 목 블록 내 20분	각 34
다지기학습	음악, 체육	리코더 연주, 민속놀이(제기차기)	자율활동	
발전학습	전 교과	학생이 만들어 가는 교육과정	1, 3주 토 2시간	17~34
통합학습	교과 통합	현장 체험형	연 4회	24
문화예술학습	국어, 체육, 음악, 미술	연극, 무용, 뮤지컬, 상상놀이터	각 12시간	각 12
생태학습	교과 통합 (무학년제)	생태 탐사 활동	연 2회	12
창조학습	재량활동	생태문화예술교육	주기 집중	16
동아리	특별활동	동아리 활동	1, 3주 2시간	34
어울마당	특별활동 (무학년제)	학생이 만들어 가는 교육과정 활동 (학교, 학년별 행사)	매주 수 1시간	34
연간 수업 시간 수		4~6년 187시간, 1~3년 154시간		

*동아리(4~6학년)를 제회하고 전학년 공통

육과정 구성은 지역사회나 외부 전문 인력의 지원이 필요할 수밖에 없다. 그러기 위해서는 교육 예산의 증액이 필요하다. 예산 증액이 없고 외부 전문 인력이 학교교육에 참여하지 않는 교육 내용의 다양화는 한계가 있을 수밖에 없다.

도농 격차의 해소

해마다 읽게 되는 연구 기관이나 정부의 통계를 보면 도농 간 학력 격차는 엄연히 존재한다. 어쩌면 당연한 일이다.

2005년, 수능 점수와 수험생의 계층적 배경 사이의 상관관계를 밝힌 김경근 고려대 교수의 연구 결과는 수능 점수와 사교육비 지출의 정비례 관계를 수치로 보여주고 있고, 계층별 수능 점수 차이는 지역별 수능 점수 차이로 그대로 이어진다는 사실도 밝혀졌다.

부유층과 고학력 거주자가 많은 서울 강남 지역 학생들과 지방 읍면 지역 학생들 사이에 평균 43.85점의 격차, 서울 지역 안에서도 강남·서초구 학생들(평균 314.70점)과 다른 구의 학생들 사이에도 격차가 있었다. 사교육비 역시 차이가 컸다. 서울 강남 지역 학생은 평균 79만 3500원을 써 사교육비 지출이 가장 많은 지역으로 확인됐고, 읍면 지역 학생은 평균 16만 1300원이었다.

지역별로 수능 점수는 큰 차이가 나지만, 학급당 학생 수나 교사 1인당 학생 수 등 학교교육 여건에서는 지역별 격차가 크지 않다. 오히려 학급당 학생 수(서울 34.22명, 읍면 지역 29.10명)나 교사 1인당 학생 수(서울 16.74명, 읍면 지역 12.70명) 등 객관적인 교육 여건에서 읍면 지역이 오히려 앞섰다.

이 연구에서 부모의 소득이나 학력에 따라 분류한 학생 집단의 수능 평균 점수는 해당 지표와 한 치의 어긋남 없이 정비례했다. 특히 부모의 경제력 및 학력, 사교육비 지출 규모, 수능 점수 등 세 가지 요소가 모두 비례한다는 사실은 '학력 대물림' 현상이 사교육을 매개로 이루어지고 있음을 보여준다. '경제력 차이 → 사교육 기회의 차이 → 수능 점수 격차'라는 교육 불평등의 악순환 고리가 구체적으로 드러난 것이다.

우선 오해를 할 수 있는 말이지만 도농 간의 학력 격차가 당연하다는 말부터 설명해야겠다. 예를 들면 이런 것이다. 특목고 학생들과 특성화고 학생들의 영어, 수학 시험을 비교한다면 어떻게 될까? 다시 말해서 영어, 수학을 잘하는 특목고 학생과 영어, 수학보다 도예, 조리, 컴퓨터 등에 더 관심이 있는 학생을 비교하여 특성화고 학생들은 학력이 낮다고 말하는 것이 교육 이론적으로 옳다고 볼 수 있을까?

그리고 국어와 수학을 잘하는 학생들을 모아놓은 학교와 국어와 수학을 잘하는 학생들이 도시로 떠난 농산어촌 학교를 비교하여 도농 간 학력 격차가 심하다고 하는 것이 과연 타당성이 있을까? 도농 간의 점수에 의한 학력 격차는 당연하지만 비교 방식이 불공정하기 때문에 농산어촌이면 학력이 낮다는 건 인정할 수 없다는 말이다.

더구나 학력을 바라보는 잣대의 문제다. 한 사람이 살아가는 목표나 방법은 사람마다 다를 텐데 왜 그것을 국, 영, 수 성적으로 재단하여 소수의 우수자와 다수의 낙오자를 만드는가. 학력은 지식이나 기능뿐만 아니라 문제 해결력, 비판적 사고력 같은 지적 능력과 호기심, 성취 욕구, 목표 의식, 도전의식 같은 정의적 능력을 모두 포함하는 말인데 왜 그것을 점수로만 바라보는가. 학력을 바라보는 잣대가 국, 영, 수 점수가 아니라면 도농 간의 학력 격차는 또 다른 현상을 보일 수도 있다.

이런 점을 간과하고 최근 논란이 되고 있는 학업성취도 평가 결과 중심의 학교 정보가 공개된다면 농산어촌의 학생이나 학부모들의 열등의식은 더욱 커져만 갈 것이고, 사회적 갈등이 깊어만 갈 것이다.

또 이농이 지속되는 사회구조가 학력 격차를 가속화시켰고, 학벌 중심의 사회가 여전히 폭넓게 사람이 살아가는 능력이라고 할 수 있는 학력을 편협하게 점수로 왜곡시키고 있다. 게다가 언론이나 각종 연구 기관의 발표 자료는 결과적으로 농촌 교육은 문제가 있고, 대학을 가기 위해서는 도시로 가야 한다는 생각만 부추긴다.

언젠가 어느 신문에 이런 기사가 난 적이 있다. 농사를 짓고 있는 어떤 분은 아내와 아들은 도시로 보내고 자기 혼자 농촌에 남아 농사를 짓고 있다고 한다. 이른바 '농산어촌형 기러기 아빠'다. 그 이유는 자녀들을 좋은 대학에 보내기 위해서다. 학생이나 학부모 모두 열등감과 패배의식에 젖어 있는 농촌이 자녀 교육에 적절하지 않다는 판단을 한 것이다. 그 반대로 분명한 철학을 가지고 시골 생활이나 자녀교육에 만족하고 버티지만 학교가 폐교되면서 도저히 먼 길을 다닐 수 없어 다시 서울로 되돌아와야 하는 가족도 있다.

우리 학교는 도농 격차를 해소하기 위해 노력하지만 다른 학교와 좀 다른 접근 방법을 시도하고 있다.

첫째, 소득 격차 때문에 학습 기회를 얻지 못하는 일은 없도록 하는 것이다. 그래서 경기도교육청의 중점 시책이기도 한 무상급식 말고도 여러 교육 활동에 필요한 경비를 학교 예산으로 운영하고 있다.

둘째, 뒤떨어지는 아이들이 없도록 학교에서 지원하는 일인데 부진아 특별 보충 지도 강사를 두는 것과 아이들의 심리 치료를 위해 별도의 강사를 운영하는 것이다.

셋째, 교육 복지를 강화하는 것으로 오후 9시까지 야간 보육실을 운영하고, 아이들을 위한 시설이나 각종 심리 검사나 다양한 수련 활동을 학교 예산으로 지원하는 일이다.

지역사회에 기여하는 학교

학교에서 학부모나 지역사회 관련 프로그램 운영은 평생교육이란 이름으로 취미, 교양 분야의 여러 강좌가 개설되어 운영되고 있다. 그것이 학교-학부모와 소통 수단이 되기도 한다.

우리 학교는 소통과 참여의 수준을 넘어 학교의 역할이 학부모나 지역사회의 일자리나 소득 창출에 기여할 수 있는 적극적인 역할을 찾고 있다. 특히 농산어촌의 많은 학교들이 학생 수가 급감하면서 학교가 학부모나 지역사회의 자랑이 되거나 구심점이 되기보다는 걱정거리가 되는 경우가 허다하다.

또 농산어촌 지역에서 학교가 지역공동체의 매개가 되거나 지역 문화의 센터로서 기능이 점차 퇴색되어가고 있다. 이런 점에서 학교가 능동적으로 학부모나 지역사회에 기여하는 적극적인 역할 모델을 구상했다.

그동안 진행되어 온 학부모, 지역사회 관련 사업을 정리하면 다음과 같다.

- 학부모 자녀 교육 강좌(연 4회)
- 학부모 평생 교실(생활 목공반, 한국화반, 중국어반, 에어로빅 등)
- 학부모 동호회 운영(볼링, 등산, 영화, 마라톤)
- 학부모 창업 지원 프로그램 운영(생태문화예술학습장, 문화예술체험 학습장)
- 학부모회의 학년 모임이나 각종 동아리 모임 운영

교원의 자발성으로 새로운 학교 모델 만들기

자발성이란 자주성이라고도 할 수 있다. 사람은 누구에게나 자주성이 있다. 그 자주성을 얼마나 발휘하느냐에 따라 그 사람의 삶의 폭이나 깊이가 결정된다고 본다.

학생이나 교원의 자주성을 높이는 일이 교육 활동이고 교육정책일 것이다. 자주성이 모든 사람에게 동일한 조건으로 있는 것이라면 학교 개혁을 위한 교원의 자주성(자발성)이란 것은 별 의미 없는 말일 것도 같다. 그러나 그렇지 않다. 그 자주성에도 개인별로 발현 조건이나 방식이 다를 수밖에 없다. 어떤 교사의 자주성은 수업을 통해서 교육의 성취감을 맛볼 수도 있고, 그것이 교사로서 큰 역할이라고 생각할 수 있다. 또 다른 교사는 글쓰기 지도를 통해 다양한 체험과 자기 생각을 갖게 하는 것이나 합창 지도를 통해 아이들이 미적 체험을 하게 하는 것을 교사로서 자신의 자주성을 발휘하는 것이라고 여길 수 있다. 그 어느 것이든 무척 소중하다.

문제는 학교 개혁을 위한 자주성은 앞의 예와 같은 교사의 자주성을 뛰어넘는다는 점이다. 적어도 우리 사회의 진보를 위해 교육이 역할을 하기 위해서는 학생과 학교의 여건에 따른 교육 기획력과 지속적인 추진력이 필요하다. 모든 교원에게 나름의 자주성이 있다고 해서 학교 개혁으로 힘이 모이는 것은 아니기 때문이다.

우리 학교의 경우는 교원의 자주성을 높이기 위해서 초기에 지속적인 연수와 토론을 통해 조현 교육의 가치나 비전에 대해 공유하는 것을 중요하게 여겼다. 이후에도 수업, 아이들 삶에 대한 집중적인 논의를 통해 공유하려고 노력했다. 그러니까 각자가 지닌 자주성을 바탕으로 더 큰 지향을 갖는 것과 동시에 교사 개개인의 자주성을 높이는 일, 이것은 우리 학교를 통해서 아이들뿐만 아니라 교사도 함께 성장한다는 것을 의미한다.

교원의 자주성을 높여 우리 교육의 새로운 모델을 만들기 위해 학교는 교사 연수를 비롯하여 학년 전담제, 행정 업무 경감(교무 보조 공문 전담)이나 방학 중 근무 면제, 담임 보조 인력 활용, 위임 전결 등의 방법으로 지원을 했고, 학교운영에 교사들의 참여를 높이기 위해 노력했다.

이런 지원을 통해 무엇보다 학년운영이나 부서운영에서 학생의 변화를 체감하고 성취감을 얻는 일, 감동을 맛보는 일이 자주성을 높이는 데 크게 기여할 것으로 봤다.

〈교육희망〉에 게재된 안승문 학교혁신기획단 기획팀장의 글을 보면 교원들의 자주성에 의한 학교 개혁의 예를 독일의 '헬레네 랑에' 학교를 통해 잘 알 수 있다. 독일의 헬레네 랑에 학교는 '개별 학교를 단위로 교장과 교사들이 주도하여 학교를 변화시킨다는 것이 어떻게 가능한지'를 보여 주는 좋은 사례이다. 일부 내용을 발췌하면 다음과 같다.

> 헬레네 랑에 학교는 1984년 에냐 리겔 교장(2003년 퇴임)이 부임하면서부터 교육과정과 교육 프로그램, 교수-학습 패러다임을 창의적으로 혁신하기 시작했다. 교장과 교사는 물론 학생과 학부모들까지 학교의 모든 구성원들은 새로운 실험을 성공시키겠다는 의욕으로 힘을 모았으며, '매일 새로운 것을 경험하는 학교'를 만들기 위해 즐거운 마음으로 참여하였다. 가장 중요한 과제는 '구성원 모두가 이 학교에 다니고 있다는 사실에 긍지를 갖도록 하는 것'이었다.
>
> 헬레네 랑에 학교의 변화는 학교장을 포함한 교사들 모두가 혁신적인 교육 방법을 동원하거나, 창조적인 아이디어를 적용하는 데 적극적이었기 때문에 가능했다. 특히 동학년을 담당 교사들이 하나의 팀이 되어 교육과정 편성과 운영을 주도할 수 있게 함으로써, 학년별로 다양하고 창의적인 교육적 시도를 할 수 있었다.
>
> 이 학교에서 시도한 혁신적인 교육 방법들은 참으로 다양하

다. △학생과 교사가 함께 세우는 주간 계획에 따른 학습 △프로젝트 중심 수업과 팀 학습 △연극을 통한 다양한 교육 △유기농 농가 방문 등 다양한 현장학습 △네팔 프로젝트 등 국제교류와 사회봉사 △5~6학년의 점수 없는 성적표 △학교 축제와 축하 파티 등 공동생활 문화 △월요 아침 모임과 학급회의 △3주간의 사회 탐구 직업 실습 △3주간의 긴 외국 여행 프로그램 △라디오 및 비디오 방송 프로젝트 △학급별 졸업 축제 등이 그것이다.

그 결과, PISA 테스트에서 다른 학교들에 비해 월등한 성취를 보임으로써 성공한 공교육 개혁 모델로 인정받기 시작했다. 헬레네 랑에의 성공이 특히 값진 것은, 입시 준비나 암기식의 전통적인 지식 중심 교육 방식으로 회귀하려는 신자유주의적인 개혁 흐름과는 달리, 다양하고 창의적인 교수-학습 패러다임을 과감하게 적용해서 얻어진 결과라는 점에 있다.

학교를 단위로 한 변화를 위해서 추진한 프랑스 정부의 정책은 또 다른 시사점을 준다. 프랑스 정부는 학교교육 개혁을 위해, 두 가지 정책 방안을 제시하고 학교별로 선택해 시행하게 하였는데, △2~3개 다른 연령대의 학생들을 통합한 '다연령 학급'으로 학급 편성을 하는 방안과 △한 학년을 여러 교사가 공동 지도하는 방안이 그것이었다. 우리가 방문한 마리뀌리 학교는 '다연령 학급' 방식을 채택하고 있었다.

우리 학교 선생님들!

"혼자 꾸는 꿈은 꿈일 뿐이지만, 함께 꾸는 꿈은 현실이 된다."

이 말은 비틀즈 멤버 존 레논과 결혼한 전위예술가 오노 요코의 말이다. 조현에 와서부터 이 말이 자주 떠올랐다. 조현 교육이 꿈이 아니라 현실이 되기 위한 조건은 함께 꿈을 꾸는 일이다. 교장 혼자의 꿈이 아니라 우리 학교 선생님 모두의 꿈일 때 조현 교육은 성공할 수 있으니까.

나는 조현 교육은 성공할 수 있다는 자신감이 있었다. 교장 공모 당시 조현 교육 계획을 조현초 일부 선생님들과 앞으로 조현초에 함께 근무하며 꿈을 꿀 의지가 있는 선생님들이 만들었으니까.

조현 교육을 리모델링하기 위한 본격적인 작업은 9월 말부터 시작되었다. 평소 퇴근까지는 기존의 학교 일을 하고 퇴근 후에 모여 2008년부터 운영할 조현 교육 프로그램을 새로 만들기 위한 작업이 시작되었다. 당시 다른 학교에서 근무하던 선생님들도 퇴근 후 우리 학교로 와서 작업에 동참했다. 이렇게 작업을 하니 보통 밤 9시~10시에 모임이 끝났다. '우리 교육의 문제점, 학교의 변화는 어떻게 가능한가? 새로운 변화를 위한 조현 교육의 내용은?' 등등을 토론하고, 구체적인 교육 프로그램을 만들기 시작했다.

이 작업은 2008년 2월까지 진행되었는데 1주일에 2~3번은 밤 9시 ~10시를 넘기기가 보통이었다. 늦가을 혹은 겨울의 늦은 밤, 작업을 마치고 우리 선생님들이 귀가하는 캄캄한 밤, 머리 위에서 별들이 빛났다. 내 귀에는 안치환이 부른 '사람이 꽃보다 아름다워'라는 노래가 들리는 듯했다. 우리 선생님들이야말로 꽃보다 아름다운 사람이다.

겨울방학에도 작업은 계속되었다. 재충전과 휴식을 위한 방학은 우리 교사들에게 무척 소중하다. 이 방학이 없다면 교사들은 몸이 성할 사람이 별로 없을 것이다. 그런데 이렇게 소중한 방학이 우리 조현초 선생님들에게는 거의 통째로 날아가버렸다. 우리 선생님들도 아버지, 어머니로서, 아내 혹은 남편으로서 가정의 일도 많을 텐데…. 많은 선생님들이 방학인데도 자기 자녀를 돌볼 시간이 없는 이 사실…. 그저 고마울 뿐이다.

우리 학교 선생님들은 다른 학교 선생님들보다 2~3배 더 많은 일을 했다. 바깥에서는 교장이 시켜서 그렇게 한다고 생각할지 모르지만, 우리 선생님들의 자발적인 노력이었다. 모두가 대한민국의 학교는 새로 태어나야 한다는 생각을 갖고 있고, 그런 학교를 만들고 싶다는 의지가 있었던 선생님들이었다. 많은 업무 부담이 소문이 나자 양평 지역의 다른 학교 선생님들 사이에는 "조현초는 무덤이다"는 말이 떠돌았다. 하지만 2008년 이후에도 몇 분 선생님이 우리 학교로 자원하여 전근을 왔다. 힘든 걸 알고도 조현 교육에 동의하여 스스로 찾아온 분들이다.

이렇게 해서 만들어진 조현 교육은 2008년부터 지금까지 변함없이 추진되어 4년차를 맞이한 것이다. 그동안 우리 선생님들이 정말 힘들게 조현 교육을 이끌어왔다. 그나마 지친 몸과 마음에 영양제가 된 것은 아이들의 긍정적인 변화였다. 그것이 앞으로도 우리 선생님들이 힘을 낼 수 있는 유일한 보약일 것이다.

간혹 조현초의 변화를 교장의 역량으로 생각하시는 분들이 있지만, 내 역할은 1/10이다. 나머지 9/10를 우리 선생님들이 일구었다. 수많은 시간, 땀 흘린 노력을 누가 알아주지 않아도 묵묵히 걸어온 우리 학교 선생님들, 무척 감사하다.

모두가 함께한 덕분에 조현초가 거듭날 수 있었고, 아이들이 처음보다 더 행복할 수 있었다. 물론 지금이 완성이 아니라 더 나은 교육을 위해 앞으로 가야 할 길도 멀다.

조현초 선생님들은 가장 용기 있고, 우리 교육 역사를 새롭게 만들어 가는 분들이다. 그리고 조현 학부모님들은 우리 학교 선생님들에게 가장 뜨거운 격려의 박수를 보내주고 있다고 믿는다.

4.

혁신학교 조현 교육은 무엇인가

조현 교육은 2007년 10월부터 2008년 2월까지 약 5개월에 걸쳐 조현 교육의 지향을 논의하면서 정리된 내용을 바탕으로 교육 프로그램을 수립했다. 그동안 일부 부분적인 수정, 보완은 있었지만 전체적으로 큰 변화 없이 현재까지 운영하고 있다. 조현 교육 내용의 구성 방향은 다음과 같다.

(1) 조현 교육에서 강조하는 내용을 학년별로 일정한 시간을 확보하여 지속적으로 운영해야 한다.
(2) 행사 차원의 일회적인 교육 활동을 지양한다.
(3) 교육과정(교육목표, 내용, 수업, 평가)에서 조현 교육의 지향과 아이들을 바라보는 관점, 교사의 철학이 일관되게 지속적으로 반영되어야 한다.
(4) 학력에서 지적 능력과 정의적 능력이 골고루 길러져야 하나 정의적 능력을 강조한다.
(5) 아이들의 활동 중심, 협력적 배움을 중요시한다.

조현 교육 내용 및 체계도

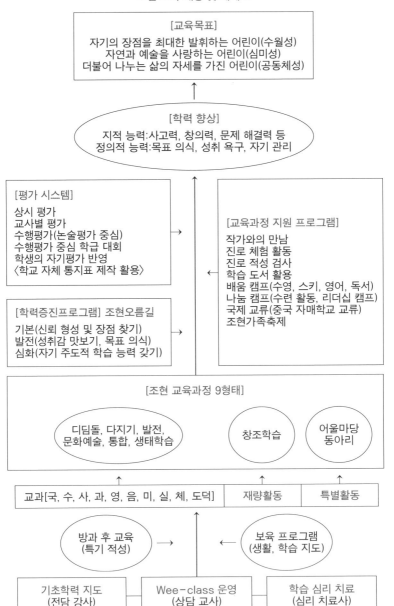

[교육목표]
자기의 장점을 최대한 발휘하는 어린이(수월성)
자연과 예술을 사랑하는 어린이(심미성)
더불어 나누는 삶의 자세를 가진 어린이(공동체성)

[학력 향상]
지적 능력:사고력, 창의력, 문제 해결력 등
정의적 능력:목표 의식, 성취 욕구, 자기 관리

[평가 시스템]
상시 평가
교사별 평가
수행평가(논술평가 중심)
수행평가 중심 학급 대회
학생의 자기평가 반영
〈학교 자체 통지표 제작 활용〉

[교육과정 지원 프로그램]
작가와의 만남
진로 체험 활동
진로 적성 검사
학습 도서 활용
배움 캠프(수영, 스키, 영어, 독서)
나눔 캠프(수련 활동, 리더십 캠프)
국제 교류(중국 자매학교 교류)
조현가족축제

[학력증진프로그램] 조현오름길
기본(신뢰 형성 및 장점 찾기)
발전(성취감 맛보기, 목표 의식)
심화(자기 주도적 학습 능력 갖기)

[조현 교육과정 9형태]
디딤돌, 다지기, 발전,
문화예술, 통합, 생태학습
창조학습
어울마당
동아리

교과[국, 수, 사, 과, 영, 음, 미, 실, 체, 도덕]
재량활동
특별활동

방과 후 교육
(특기 적성)

보육 프로그램
(생활, 학습 지도)

기초학력 지도
(전담 강사)

Wee-class 운영
(상담 교사)

학습 심리 치료
(심리 치료사)

조현초 교육과정 살펴보기

조현 교육과정 9형태

조현 교육과정 9형태는 학교교육의 획일성을 극복하고, 사회와 학생의 변화, 도농 격차 해소, 우리 학교의 지역 여건, 학생의 실태를 반영한 교육 내용의 다양화를 실천하는 교육과정이다. 궁극적인 목표는 조현의 교육목표 달성을 통한 학력 신장에 있다.

우리 학교에서 학력의 개념은 점수에 의한 양적 개념이 아니라 질적 개념을 적극 반영하고 있다. 다시 말해 학력은 학생의 지식 정보의 양뿐만 아니라 지적 능력(문제 해결력, 판단력, 창의력 등), 정의적 능력(성취 욕구, 도전 의식, 호기심 등)을 포괄하는 개념이다.

조현 교육과정 9형태 학습은 기존 교과나 재량활동, 특별활동을 재구성한 것으로 정규 교육 시간에 이루어지는 것이다. 그러나 아직은 교육과정 편성과 운영의 전문성을 고려할 때 소박한 수준이다. 하지만 이 시도는 우리 학교교육에서 학생 중심의 교육과정을 실현하자는 노력의 일환이기도 하며 일반 학교의 교육과정과 비교하여 변화의 폭이 크다는 평가를 받고 있다. 9형태의 도입 목적과 내용은 다음과 같다.

(1) 디딤돌학습

디딤돌학습의 목적은 '뒤떨어지는 아이가 없는 학생'을 위한 것인데 특히 농촌 지역 학생들의 기초학력을 증진하기 위한 방안이다. 물론 방과 후에 이루어지는 기초학력 지도와 보충학습 지도, 미술 심리 치료와 병행하여 이루어진다.

디딤돌학습의 아이디어는 일본 가게야마 교장의 기초 학습 지도법을 참고한 것이다. 가게야마는 '읽기, 쓰기, 계산하기' 등 기초 학습의 반복 교육을 통해서 일본 전체 초등학교를 대상으로 하는 학력 테스트에서 우수한 성적을 거두었고, 이 아이들 절반 정도가 나중에 명문 대학(도쿄대, 와세다대, 게이오대)에 입학하면서 '야마구치초등학교의 기적'이라고 언론에 보도되었던 장본인이다.

우리 학교에서는 가게야마의 아이디어는 차용했지만 실제 진행 방법은 가게야마와는 다르며 학년별로 담임 재량으로 하고 있다. 국어는 전 학년에 걸쳐 '어휘력 지도', 수학은 전 학년에 걸쳐 '사칙연산 지도'를 한다. 수학의 경우 자칫 기계적인 반복풀이로 교육적 효과에 의문을 가질 수 있다. 개념과 원리, 문제 해결력과 사고력을 기르는 학습 지도가 이루어진다는 전제에서 수학 디딤돌학습을 하고 있다. 어휘 지도 역시 단순한 낱말 뜻풀이가 아니라 총체적 언어 학습의 관점에서 여러 방식의 어휘 지도 방법을 담임 재량으로 하고 있다.

기대하는 아이들의 모습 : 집중력, 계산력, 사고력

수학 디딤돌은 집중력과 계산력을 높여 자신감을 기르는 것이 목적이고, 국어는 어휘 지도로 독해력과 사고력을 기르기 위한 학습이다. 연산 능력은 수학과 모든 영역 학습에서 가장 기본적인 것으로 연산 능력이 부족할 경우 모든 영역의 학습에서 부진 요인이 발생한다. 연산 능력이 뒷받침된다면 아이들이 수학 학습에서 집중력과 자신감을 갖게 된다.

어떤 내용인가?

2학년 수학 디딤돌학습

2학년 연산 49~50	번호	이름
세 수의 혼합산		

〈가형〉	〈나형〉
① 625 - 372 + 32 =	① 728 - 252 + 21 =
② 354 - 182 + 23 =	② 735 - 382 + 23 =
③ 518 - 184 + 242 =	③ 847 - 182 + 123 =
④ 624 - 182 + 135 =	④ 723 - 362 + 215 =
⑤ 325 - 193 + 215 =	⑤ 516 - 272 + 323 =
⑥ 429 - 174 + 23 =	⑥ 426 - 152 + 15 =
⑦ 435 - 192 + 21 =	⑦ 564 - 282 + 14 =
⑧ 514 - 262 + 334 =	⑧ 429 - 254 + 321 =
⑨ 429 - 267 + 416 =	⑨ 528 - 386 + 154 =
⑩ 725 - 283 + 136 =	⑩ 826 - 372 + 242 =

6-1-1	어휘력 향상을 위한 국어 디딤돌
	조현초등학교 6학년 이름 ( )

※아래의 글을 읽고 밑줄 친 낱말의 뜻을 공부해 봅시다.

> 고개를 쳐드는 것은 <u>자존심</u> 강한 누나가 눈물이 나오려고 할 때의 버
> 릇이었다. 그렇게 고개를 쳐들었는데도 누나의 얼굴에서 눈물이 또르르
> 흘러내렸다. 누나는 눈을 <u>치뜨고</u> 힘겹게 웃음을 지으려 하고 있었다. 누
> 나는 내려온 멜빵을 <u>가새지르고</u> 화덕 앞에 앉았다.

1. 윗 글을 읽고 밑줄 친 낱말의 뜻을 짐작하여 써보세요.

   자존심:

   치뜨다:

   가새지르다:

2. 국어사전으로 위의 낱말의 뜻을 찾아 써보세요.

   자존심:

   치뜨다:

   가새지르다:

3. 여러분의 삶 속에서 위의 낱말을 찾아보세요. (가치 사전 형식으로 쓰세요.)

   자존심:

   치뜨다:

   가새지르다:

4. 낱말을 이용하여 문장 만들기를 해주세요.

   자존심:

   치뜨다:

   가새지르다:

(2) 다지기학습

다지기학습은 기능을 통해 가치나 태도를 기르는 학습이다. 교육과정 가운데에는 단순 기능을 넘어 아이들 삶이나 살아가면서 필요한 기능들이 많이 있다. 그러나 교육과정 운영을 통해서 충분히 시간을 확보하지 못해 삶의 수단으로써 충분한 역할을 하지 못하는 경우가 있다.

예를 들면 국어과의 '사전 찾기' 학습은 4학년 몇 차시의 학습이 초등학교 교육과정 운영상으로는 전부다. 하지만 사전 찾기 기능은 요즘 인터넷 사전이 있어서 중요성이 덜 하긴 해도 학생 시절뿐만 아니라 살아가면서 필요한 기능이기도 하다. 또 실과의 바느질은 5학년 때 몇 차시 경험이 전부이고, 남학생의 경우는 일생 동안 교육과정을 통해서는 배울 수 없다. 그러나 이 바느질 기능은 삶의 유용한 수단이 된다.

이처럼 다지기학습은 아이들이 살아가는 데 유용한 기능을 익히는 것으로 학년별로 교과 교육과정을 분석하여 담임이 선정하여 다지기학습으로 편성한다. 다만 다른 학습 형태는 모두 정규 시간 내에 활동하는 데 비해 다지기학습은 개별 과제 형태로 자율적으로 운영한다. 초기에 다지기학습은 학년별, 교과별로 다양한 내용이 있었다. 하지만 모든 학생이 함께할 수 있고, 함께하는 즐거움을 느낄 수 있으며, 우리 학교가 지향하는 교육 내용인 심미성, 공동체성을 기를 수 있는 내용으로 좀 더 집중적으로 운영할 필요가 있다고 느꼈다. 그래서 다양하던 다지기 학습을 정리하여 전 학년이 리코더와 제기차기를 학년별, 단계별 활동으로 운영하게 되었다.

기대하는 아이들의 모습 : 사회성, 창의성, 감수성

초기에 운영하던 다지기학습은 교육과정에 나오는 악기, 실습 기능, 체육과 관련된 것으로 주로 손이나 몸을 사용하는 것이다. 손이나 몸을 사용하는 학습의 효과에 대해서는 더 이상 설명이 필요 없을 것이다. 한국뇌학회 회장인 서유헌 교수(서울대 의대)는 "손을 지배하는 운동중추가 발달된 사람은 손놀림이 민첩하고 정교해서 위대한 과학적 창조물이나 예술품을 만들어 낼 수 있습니다. 따라서 어릴 때부터 장난감을 가지고 놀거나 조립을 하고, 그림을 그리고, 악기를 다루는 등 손을 열심히 사용할수록 뇌의 운동중추가 잘 발달하게 됩니다"라고 지적했다.

손 이외의 모든 신체 기관, 즉 오감이 골고루 자극되어야 두뇌 발달이 극대화된다. 특정 사물을 보여주고(시각), 만지고 느끼며(촉각), 냄새를 맡고(후각), 소리를 듣는(청각) 등 오감을 골고루 자극하는 종합 교육이 되어야 한다는 이야기다.

그리고 오감 자극은 지속적으로 이루어져야 의미가 있다. 즉 잠깐 스치듯이 지나가는 정보는 시냅스를 만들기는 하지만 곧 사라져버린다. 지속적으로 정보를 주어야 시냅스가 튼튼하고 치밀하게 자리를 잡는다. 우리는 다지기학습을 통해 아이들이 살아가는 데 쓸모 있는 기능을 익힘과 동시에 손과 몸을 활용하는 활동을 통해 학습력이 높아지길 기대하고 있다. 나중에 새로 구성된 다지기학습인 리코더, 제기차기를 통해서는 사회성과 창의성, 감수성을 기르는 것을 목적으로 했다.

어떤 내용인가?

초기 다지기학습의 보기_3학년

교과	월	주	관련 단원	제재	다지기학습 내용
국어	3월	1	(쓰기) – 첫째 – 1	문장부호	문장부호의 쓰임
	5월	1	(말듣) – 셋째 – 1	연극 연습	원인과 결과를 생각하며 연극 연습하기
	9월	4	(말듣) – 둘째 – 1	시 암송	좋아하는 시 암송하기
	10월	1	(읽기) – 둘째 – 1	구연 동화	인물의 성격에 어울리게 이야기 읽기
		5	(쓰기) – 셋째 – 2	편지 쓰기	의견 드러나게 편지 쓰기
수학	4월	2	3. 평면도형	삼각자 사용	삼각자로 여러 가지 도형 그리기
	7월	2	8. 길이와 시간	자 사용	물건의 길이를 자로 mm까지 재보기
	10월	2	3. 도형	컴퍼스 사용	컴퍼스로 여러 가지 원 그리기
체육	10월	2	II – 4. 굴렁쇠 굴리기	굴렁쇠	굴렁쇠 굴리기
		3	III – 4. 엔카 익히기	엔카	엔카 익히기
음악	3월	4	구슬 비	실로폰 반주	실로폰으로 반주하기
	4월	1	소풍	리코더 주법	리코더 주법과 바른 자세 익히기
		2	소풍	리코더 연주	리코더로 대선율 연주하기
	9월	2	옥수수 하모니카	멜로디언	멜로디언 주법 익히기
	10월	3	가을바람	스타카토 주법	스타카토 주법을 익혀 멜로디언 연주
	11월	1	작은 별	리코더 연주	바른 주법과 자세로 리코더 연주하기
	12월	2	누구를 닮을까	리코더 2중주	리코더 운지와 주법 익혀 2중주 하기
미술	6월	4	7. 붓의 성질	붓글씨	여러 가지 선으로 표현하기
	7월	1	8. 판본체로 쓰기	붓글씨	꺾은 획 익혀 판본체로 '나라' 쓰기
	11월	3	7. 붓의 성질	붓글씨	여러 가지 선으로 표현하기
	11월	12	8. 판본체로 쓰기	붓글씨	비슷한 획 익혀 판본체로 '서로' 쓰기

변경된 다지기학습의 보기

학년별 리코더 연주 기능 요소

학년	학습 내용
1학년	• 리코더 구조와 자세 및 리코더 잡는 방법 배우기 • 리코더 소리 내기 • 왼손(시라솔)으로 리코더 연습하기 • 왼손(시라솔)으로 리코더 곡 연주하기
2학년	• 왼손(도레) 연습하기 • 왼손(도레) 리코더 곡 연주하기 • 오른손(파레미도) 연습하기 • 오른손(파레미도) 리코더 곡 연주하기
3학년	• 양손 사용하여 리코더 곡 연주하기 • 높은음(미파솔라) 연습하기 • 높은음(미파솔라) 리코더 곡 • 소프라노 2중주 합주하기
4학년	• 높은음(미파솔라) 연주하기 • 소프라노 2중주 합주하기 • 반음 연습하기 • 알토 리코더 왼손(도레미파솔) 연습하기 • 알토 리코더 왼손(도레미파솔) 리코더 곡 연주하기
5학년	• 알토 리코더 오른손(라시도레) 연습하기 • 알토 리코더 오른손(라시도레) 리코더 곡 연습하기 • 알토 리코더 반음 연습하기
6학년	• 알토 리코더 양손 연습하기 • 알토 리코더로 2중주 합주하기 • 소프라노, 알토 4중주 합주하기

다지기학습

튼튼한 기초 체력을 위한 제기차기 기능 요소

방법		1학년	2학년	3학년	4학년	5학년	6학년
제기 만들기		○	○	○	○	○	○
몸풀기	판자로 제기 들어올리기	○	○	○			
	매달린 제기 차기	○	○	○	○	○	○
	제기 발등에 놓고 원 안에 던져 넣기	○	○	○	○	○	○
	탱탱볼 제기차기			○	○	○	○
맨제기	발 안쪽으로 차기	○	○	○	○	○	○
	발 바깥쪽으로 차기			○	○	○	○
	발등으로 차기					○	○
발 들고 차기		○	○	○	○	○	○
양발차기	발 안쪽으로 차기		○	○	○	○	○
	발 안쪽과 바깥쪽으로 차기				○	○	○
입에 물기		○	○	○	○	○	○
귀 위까지 차기			○	○	○	○	○
얹기	가슴에 얹기		○	○	○	○	○
	머리에 얹기				○	○	○
동네제기	짝을 이루어 차기		○	○	○	○	○
	게임하기			○	○	○	○
종드리기				○	○	○	○
가면서 차기						○	○
가볍게 많이 차기		○	○	○	○	○	○
재주 부리기				○	○	○	○

(3) 발전학습

발전학습은 '학생들이 만들어가는 교육과정'이다. 지금까지 일반적으로 교육과정이란 개념은 국가 수준의 교육과정을 바탕으로 한 학교 교육과정 정도이다. 그러나 학교 교육과정은 우리 학교의 교육 활동 배경이나 지향에서 말했듯이 사회나 아이들의 변화를 충분히 반영하고 있다고 볼 수 없다. 사실 학교야말로 미래 사회를 살아갈 아이들의 삶을 가꾸는 곳이니까 가장 진보적이어야 하지만, 현실은 그렇지 못하다. 아이들의 변화를 따라가기도 급급한 실정이다.

무엇보다도 지금 아이들의 특성인 '일과 놀이와 공부의 구별없음'을 교육적으로 수용하는 일이다. 한 줄 세우기 교육에서 여러 줄 세우기 교육으로 전환해야 한다는 말이나 소수의 수월성 교육에서 다수의 수월성 교육으로 나아가야 한다는 말도 아이들의 이러한 변화를 반영한 것으로 볼 수 있다.

이것은 아이들의 잠재 능력을 기르기 위한 것이고, 관심을 갖는 일에 몰입하여 전반적인 학습 능력을 기르는 일이기도 하며 자존감을 갖게 하는 것이다. 또한 이는 '요즘 아이들' 하면 떠오르는 다소 불길하거나 부정적인 어감에서 벗어나 판도라 상자 속에서 '희망'을 찾듯 '요즘 아이들'을 바라보는 일이기도 하다.

김진경 선생은 '아이들을 찾아가는 시간 여행'이란 주제의 우리 학교 강연에서 변화된 아이들을 다음과 같이 말했다.

> 내 나이 또래의 부모들을 만나서 이야기를 나누다 보면 흔히 듣는 얘기가 "우리 아이들이 나와는 전혀 다른 인종이라고

느껴질 때가 많아"라는 것입니다. 이제까지 나눈 이야기를 통해보면 충분히 그렇게 느낄 만도 하죠.

뉴욕타임스에 실린 어떤 글을 보니까 여러 분야 여러 요인들의 변화 자료를 분석하고 종합하면서 다음과 같은 결론을 내리고 있었습니다.

'과거 우리가 살았던 산업 시대에 10년간 일어났던 변화가 지금은 1년 사이에 일어나고 있다.'

아마도 산업 시대에도 비슷한 이야기를 했겠죠. 전통 시대에 10년간 일어났던 변화가 산업 시대인 지금은 1년에 일어나고 있다고 말입니다. 말 그대로 지금 1년의 변화는 우리가 살아왔던 산업 시대 10년의 변화에 해당하고, 전통 시대 100년의 변화에 해당합니다. 아마도 이러한 변화의 가속도가 우리 사회에 구체화된 것이 80년대 말에서 90년대 초 사이일 겁니다.

참으로 무서운 변화의 속도죠? 희망보다는 두려움과 불안을 느끼게 할 만큼 빠른 속도입니다. 그렇다고 변화를 외면할 수도 없는 노릇입니다. 무엇보다도 그러한 변화는 가장 먼저 우리 곁에 있는 아이들을 통해서 오니까 말입니다. 다른 건 다 돼도 아이들을 외면하고 살 수 있는 건 아니잖습니까. 어쩌면 우리의 아이들은 새로운 문명의 도래와 함께 어느 날 문득 우리에게 배달되어 온 판도라의 상자인지도 모르겠습니다.

그리스 로마 신화에서 프로메테우스는 제우스에게서 불을 훔쳐다 줌으로써 인간에게 문명을 선사한 신입니다. 인간들은 그 불 덕분에 추위와 맹수의 공격에서 벗어났을 뿐만 아니라 지혜를 얻게 되죠. 인간의 문명이 시작된 겁니다. 그런데 제우스는 불을 훔쳐 간 데 화가 나서 프로메테우스에게 벌을 줍니다. 독수리에게 프로메테우스의 간을 파먹도록 하죠. 프로메테우스의 간은 아무리 파먹어도 다시 생겨나기 때문에 그 벌은 영원히 끝나지 않습니다.

제우스는 인간에게도 아주 교활한 방법으로 벌을 줍니다. 판도라라는 아주 아름다운 여자를 만들어서 그 머릿속에 호기심을 잔뜩 집어넣죠. 그리고 단단히 뚜껑을 씌운 상자를 하나 주어 이 상자는 절대로 열어보아선 안 된다는 경고와 함께 인간 세상으로 보냅니다.

판도라는 인간 세상으로 온 뒤 아주 우울한 나날을 보냅니다. 호기심이 잔뜩 이는데 상자를 열어볼 수가 없었기 때문입니다. 그러던 어느 날 판도라는 도저히 호기심을 견딜 수 없어 상자를 열고 맙니다. 상자를 열자 질투, 절망, 고된 일, 거짓말, 불신 같은 온갖 불행이 튀어나왔죠. 그리고 상자의 맨 밑바닥엔 희망이 남아있었습니다.

이 신화는 인간이 급격히 변화하는 미래에 대해 느끼는 1차적 감정이 두려움과 불안임을 잘 나타내주고 있습니다. 10년 동안 이 아이들의 변화가 무엇일까 찾아 헤맸다고는 하지만 나 역시 아이들을 볼 때 드는 솔직한 느낌은 두려움과 불안입니다.

아이들의 변화가 요구하는 학교와 사회 변화의 폭과 깊이가 대단히 넓고 깊은데 내가 과연 그러한 변화를 잘 감당해낼 수 있을까 하는 두려움과 불안이 가슴 한 구석에 피어오르는 겁니다. 어쩌면 지금 우리 사회 전반을 사로잡고 있는 감정은 바로 이 급격히 변화하는 미래에 대한 두려움과 불안인지도 모릅니다. 특히 교육 부문을 보면 그런 생각이 많이 듭니다.

기대하는 아이들의 모습:자신감, 자존감 자기 주도적 능력 증진

발전학습은 교과 관련이든 아니든 아이들이 하고 싶은 공부를 스스로 계획하여 하는 것이다. '또 하나의 교과' 성격으로 생각할 수도 있다. 이 학습을 통해서 아이들이 자신이 잘하는 것, 더 알고 싶은 공부를 하고 그 결과를 여러 친구들이나 선생님께 발표하여 각자가 갖는 관심 분야를 자랑하거나 격려받는 일이다. 그것이 잠재 능력의 개발일 수 있고, 능력이나 관심에 따른 수월성 교육의 일환일 수 있다. 이 학습을 통해 아이들이 보다 더 자신감을 갖고, 자기의 개성이나 진로에 대한 꿈을 키울 수 있게 되길 기대하고 있다.

어떤 내용인가?

1차 모둠별 발전학습

모둠 이름	모둠원	발전학습 주제
뒤죽박죽	민○○, 길○○, 손○○, 문○○	우리들의 운동 한계는?
위인 5형제	신○○, 조○○, 천○○, 임○○	사람의 관절은 모두 몇 개일까?
해피보이걸	최○○, 김○○, 조○○, 이○○	다른 나라 사람들은 어떤 숫자를 사용할까?
T	변○○, 이○○, 지○○, 이○○	옛날 사람들이 먹은 사계절 음식은?
베스트프렌드	최○○, 김○○, 김○○, 김○○	식물이 얼마나 크나?(줄기의 길이)

조현초등학교 5학년

번호	이름	개인별 주제
1	지○○	태양열의 원리는?
2	조○○	꽃말 조사하기
3	김○○	미생물에 관한 것들
4	천○○	인체의 신비
5	이○○	공룡이 멸종한 이유?
6	문○○	미신이란?
7	임○○	장수풍뎅이는 뭐지요?
8	이○○	강아지의 종류
9	손○○	신기전에 대해
10	김○○	요리에 대해
11	김○○	조선 시대 후기 그림에는 무엇이 있을까?
12	신○○	화산 폭발에 대해
13	길○○	우리 학교의 역사
14	최○○	온난화의 위험
15	김○○	수학의 역사 특히 자연수를 중심으로
16	민○○	춤의 종류
17	변○○	애완견은 왜 기르고 왜 버리는 것일까?
18	김○○	별자리의 유래
19	이○○	경상도, 전라도, 충청도, 제주도 사투리는?
20	최○○	궁금한 북한말 사전
21	조○○	친구란?
22	박○○	쓰나미란?
23	조○○	팝아트란?
24	이○○	꽃의 종류는?
25	장○○	개기일식이란?

(4) 통합학습

미래 사회는 통합적 사고력을 가진 사람을 더 요구하고 있다. 흔히 '다빈치형 인재'라는 말을 하듯이 다빈치처럼 과학과 예술, 철학이 결합되어 고도의 창의력을 발휘하는 인재를 요구하고 있다. 인류 역사상 뛰어난 학자나 예술가들은 모두 한 분야의 전문가가 아니라 다양한 분야의 전문성이 통합되어 그 분야에서 뛰어난 업적을 이뤘다고 한다.

우리 교육은 그동안 지나치게 분과 학문 체계여서 삶의 문제나 사회 문제를 통합적으로 바라보는 힘이 약하며 이를 극복하기 위해 논술을 도입했으나 학교교육은 분과 학문으로 하면서 논술을 대비한다는 것이 학교에서는 무척 어려운 일이 되어 잘 이루어지지 않고 있다. 또 교육 내용과 수업, 평가(학교평가나 수능 혹은 대입)의 불일치는 논술평가와 그에 걸맞은 수업 방식으로 전환하는 것을 매우 어렵게 만들고 있다. 이 문제가 논술이 학원에서 성행하는 이유이기도 하다.

우리 학교에서는 교과 간 동일한 주제일 경우 두 교과 혹은 세 교과 내용을 통합하여 지도하되 학년별로 연간 네 차례의 체험형 통합학습으로 운영하고 있다. 예를 들어 환경을 주제로 한다면 사회 교과의 환경, 과학 교과의 환경을 결합하여 환경문제를 통합적인 시각에서 다루는 것을 말한다. 이 통합학습은 오래전부터 학교 현장에서 부분적으로 실천하고 있는 내용이고 그 필요성도 교육계에서는 많이 언급되었다.

다음 글은 서울신문에 게재된 통합(통섭, 융합)과 관련한 국내 석학들의 대담 내용이다. 주로 학문 영역의 통합을 거론하고 있어서 교과 간 통합의 배경을 이해하는 데 참고가 될 만하다.

21세기 新다빈치 프로젝트–통섭을 말하다
'1+1=∞' 새 코드 이해는 학문 간 벽 허물기부터

1. 통섭은 왜 화두로 떠올랐나

엄정식 교수 대학 사회와 언론 등 곳곳에서 통섭이 화제다. 일각에서는 유행에 불과하다는 비판도 나오고 있지만 학문적 필요성이나 학문 구분의 발전 방향을 놓고 볼 때 중요한 의미를 갖는 것은 분명하다. 오랫동안 통섭에 대해 고민해오신 도 교수께서 왜 한국 사회에서 통섭이 화두가 됐는지를 진단해 달라.

도정일 교수 학문을 하기 위해서는 연구 영역의 독자성뿐 아니라 유사하거나 연관이 있는 분야 간에 대화가 필요하다. 그런데 한국에서는 분과(分科) 현상이 오랫동안 진행되다 보니 자신의 영역을 지키기 위한 단절 현상이 당연시되고 있다. 학문 발전은 물론이고 사회 발전이나 정책 개발 및 시행 과정에서 단절 현상은 매우 좋지 않다. 이런 반성에서 통섭의 필요성이 대두됐다.

이덕환 교수 통섭을 처음 주창한 에드워드 윌슨의 본거지인 미국보다 한국에서 더 큰 관심을 보이고 있다. 이는 절실한 필요성 때문이라고 할 수 있다. 한국에서 학문 간의 분과는 이제 심각한 수준에 이르렀다. 장벽의 정도가 아니라 서로를 비하하고 폄하하는 일도 다반사로 이뤄지고 있다. 자연과학에서는 인문 사회학 무용론이 나오고, 인문 사회학에서는 거꾸로 자연과학 무용론이 나온다. 급속히 발전한 한국 사회의 문제를 과학 기술의 책임인 것처럼 몰아가는 분위기도 있다. 이를 해결하기 위해서는 인문 사회 분야와의 교류가 필요하다는 의견이 힘을 얻고 있다. 다행히 과학계 내부에서는 현실적인 필요성에 의해 융합 연구가 확대되는 추세다. 이를 인문 사회까지 연결시키는 노력이 필요하다.

엄정식 교수 통섭에 관한 논의와 시도는 20세기 초부터 상당히 활발하게 있어왔다. 물리학을 중심으로 학문을 통합하려는 움직임도 있었고, 철학계에서도 논리실증주의자들이 보편 언어를 찾고자 했다. 윌슨은 이 시도를 생물학으로 옮겨 좀 더 발전시킨 것으로 봐야 한다. 중요한 것은 통섭이 수입 학문이라는 점이다. 기술은 그냥 수입하면 되지만 학문은 배경과 사연이 더 중요하다. 지적·문화적 풍토를 수입하지 않으면 나중에 또 다른 문제가 생길 수 있다는 점을 고려해야 한다. 개인적으로는 로버트 프로스트의 시 '좋은 담이 좋은 이웃을 만든다'가 통섭에 적용되면 좋을 것 같다. 담이 낮으면 도둑이 생기고, 담이 높으면 이웃 간에 소통이 안 된다. 이 같은 마음가짐으로 접근하는 것을 어떻게 생각하나.

이덕환 교수 통섭이 지향해야 할 목표는 통섭학이라는 별도의 학문이 아니라 새롭게 바라볼 수 있는 시각이다. 어느 한

가지 학문이 모든 것을 흡수할 수 있다는 식의 사고방식은 곤란하다. 물리학이나 생물학 등에서 비롯된 자연과학의 객관적인 방법론이 모든 분야에 적용될 수 있다고 생각해서는 안 된다. 다만 이 방법론을 모든 분야에 적용해보려는 시도 자체는 높이 평가할 수 있다. 새로운 시도이니만큼 어려움도 있고, 기존 영역에서의 부정적인 비판도 있다. 그러나 자연과학의 객관화된 시각을 인문학에서 활용하는 것은 분명히 기초적인 통섭의 단계가 될 것으로 본다. 거꾸로 자연과학에서 인문학적인 상상력과 주관성을 도입하려는 시도도 활발해지고 있다.

도정일 교수 문제는 통섭이 '이렇게 하자'고 정해놓고 할 수 있는 것이 아니고, 그렇게 되지도 않는다는 것이다. '통섭이 정말 필요한가'라는 질문을 끊임없이 던져야 한다. 언어를 연구하는 사람 입장에서 말하자면 유전학, 진화론, 진화심리학 등의 학문도 언어 연구에서 중요하다고 생각한다. 무엇보다 통섭을 궁극적으로 정당화할 수 있는가에 대한 관건은 기준을 어떻게 세우느냐는 것이다. 즉 연구 대상을 새로 발견하고 확장할 수 있는가, 대상에 대한 통찰을 더욱 과학적이고 인문학적으로 깊이 있게 할 수 있는가 등이 중요한 문제가 된다. 이 같은 실제적이고 학문적인 이득의 유무가 통섭을 할 것인가, 말 것인가의 정당성을 결정해줄 것이다.

이덕환 교수 100% 동감한다. 학문의 발전을 위한 통섭은 근원적인 이유가 있는가를 짚어봐야겠지만 현실적으로는 더욱 낮은 수준의 통섭을 생각해야 한다. 지금의 학생들과 교수들은 모두 분화된 학문에 익숙해져 있다. 상당히 혼란스러운 일이다. 인문 사회 관련 교양을 들을 때는 자연과학의 부정적인 인식을 듣고, 자연과학을 들을 때는 인문 사회에 대한 비판적인 시각을 듣는다. 학문이 아닌 단지 골고루 아는 낮은 차원에서의 통섭도 필요하다는 얘기다.

2. 통섭을 통해 우리는 무엇을 얻을 것인가

엄정식 교수 두 가지를 합치다 보면 아무래도 어느 한쪽이 더 힘을 발휘하게 마련이다. 특히 강자는 식민지적으로 취합하려는 경향이 있다. 인문학의 경우 과학과 통합되면서 과연 '학문'으로 존립할 수 있느냐는 문제가 있다. '제우스의 불칼'이나 '이카루스의 날개'와 같은 신화는 이미 아무도 믿지 않는다. 과학 기술이 인문학의 근거인 상상을 앞서 가고 있기 때문에 일어난 일이다. 마찬가지로 천문학자들의 방식대로만 별을 보면 알퐁스 도데, 생텍쥐페리, 윤동주의 별은 볼 수 없다. 통섭의 시도에서 염려되는 대목이기도 하다. 학문의 영역이 가만히 있어도 지켜지는 것은 아니다. 끊임없는 노력이 필요하다. 철학의 경우 현재는 수 세기 전의 철학과 달리 '철학사'적인 측면만 남아있다고 해도 과언이 아니다. 철학을 논하기 위해 학자들이 공통적으로 인지하고 있었던 공간, 시간, 죽음 등의 개념은 과학 기술의 등장으로 말장난에 불과하다는 인식이 팽배해졌다. 자연과학이 철학이라는 학문의 근간을 흔들었다고도 할 수 있다.

도정일 교수 어느 한쪽으로의 일방적인 통섭은 걱정하지 않아도 될 것 같다. 인문학이 과학을 이해하고, 과학이 인문학을 이해할 때 중요하게 생각해야 할 부분이 있다. 인문학과 과학이 통섭하자고 해서 함부로 합칠 수 있는가. 결코 그렇지 않다. 예술을 포함한 인문학과 과학은 엄연히 시각이 다르고, 분야가 다르다. 그렇기 때문에 다르다는 전제 위에서 시작해야 한다. 과학은 일단 자연현상에 대한 보편적인 진실을 추구한다. '도정일은 세포로 되어있다'는 말은 사실이지만 나라는 인간에 대해 아무것도 설명하지 못한다. '세계는 입자로 구성돼있고, 우주를 지배하는 힘은 네 가지 밖에 없다'는 말도 분명히 사실이지만 구체적인 내용을 담아낼 수 없다.

이덕환 교수 통섭과 비슷하지만 좀 다른 개념인 융합의 경우 공학 분야에서는 상당히 오랜 기간 모색돼왔다. 로봇공학을 하는 사람은 심리학, 미학, 전자공학, 기계공학을 모두 시도하고 이해해야 한다는 것이 정설이다. 지난 반세기 동안 로봇공학은 수많은 학문들과 연관을 맺으며 발전해왔고, 영역이 넓어지는 만큼 발전 속도도 빨라지고 있다. 주목할 점은 융합의 결과는 둘이 하나가 되는 것이 아니라 새로운 분화가 발생한다는 점이다. 물론 사멸하는 분야도 있다.

도정일 교수 학문 융합, 통섭은 인문학이든 자연과학이든 간에 전혀 몰랐던 탐구의 영역을 생산해 낼 수 있다. 오늘날 많은 인문학 분야가 '진화론'으로 대표되는 생물학적 발견을 참조하지 않고서는 진행이 되지 않는 수준에 이르렀다. 이것을 두고 생물학이 모든 학문을 점령하는 제국주의 운운하는 것은 옳지 않은 말이다. 우리가 주목해야 할 것은 한국 사회가 갖고 있는 지나친 분화의 결과가 교육에도 반영돼있다는 점이다. 통합적 감성이나 세계관을 가질 기회도 없이 기능적인 전문인이 되고 다문화적인 세계관을 가질 수 없는 파편적 인간으로 성장하고 있다. 인문학이 변해서 이 문제를 해결해야 한다. 대학의 교양 교육의 중심은 어디까지나 인문학이다. 인문학이 통섭적 사고를 가져야 교육이 변하고 사회가 변할 수 있다.

_서울신문 제공

기대하는 아이들의 모습:융합력과 창의력

체험형으로 진행하는 연 4차례의 통합학습을 통해 우리 아이들이 세상을 보는 눈을 좀 더 깊고 넓게 가질 수 있기를 기대한다. 뿐만 아니라 통합학습을 통해 융합력과 창의력을 기르고 미래 사회를 살아가는 능력을 기르기를 기대한다.

또 체험형으로 진행하기 때문에 1학년에서 6학년까지 서로 다른 주제와 장소를 경험하게 된다. 이 다양한 체험이 아이들 삶의 자양분이 될 것으로 기대한다.

어떤 내용인가?

학년별 현장 체험형 통합학습

	월	주제	내용	학습 장소
1학년	4	봄이 왔어요	봄의 산과 들의 모습 알아보기	세미원
	6	가족은 소중해요	가족의 소중함 알기	서울 대학로 극단
	9	함께하는 한가위	민속놀이하기	남산골 한옥마을 +국립극장
	11	가을의 산과 들	가을의 산과 들의 모습 살펴보기	용문산
2학년	4	그림자 연극	인형극 관람 및 공연하기	춘천인형극장
	5	마을 탐험 놀이	마을 조사	용문도서관
	9	내가 살고 싶은 집	집의 변화	암사동 선사유적지
	11	시장 조사	장날 견학 및 시장 놀이	용문장터 및 학교
3학년	4	우리 문화	조상들의 의식주 생활	한국민속촌
	6	동물의 한살이	동물 만나기	서울 동물원
	9	시장 조사	장날 견학	양평시장
	11	표정 그리고 몸짓	공연, 뮤지컬 관람	경기문화의전당
4학년	4	흙의 몸짓	나만의 도자기 작품 만들기	이천 도자기 축제
	6	고정관념 탈출	고정관념을 깬 별난 물건 체험	별난물건박물관
	10	옛날 옛적에	전통 문화 체험 및 관람	국립민속박물관
	11	음악으로의 초대	공연 관람	뮤지컬이나 음악회 관람
5학년	4	계절 운동	인라인스케이트 타기	양평 인라인스케이트장
	6	환경 기초 시설	환경문제의 합리적 해결	양평 한강생태학습장
	10	미술관에서	그림과 글	서울시립미술관
	11	세종대왕	한글과 물시계	여주 여릉
6학년	4	궁궐과 조선 시대 문화	조선 시대의 사상과 문화 찾기	창덕궁
	5	큰 꿈을 가꾸는 국제 교류	국제 방문 교류 활동	중국 산동성 자매학교
	10	지방자치단체와 나의 삶	인터뷰, 면담, 조사 활동	양평군청
	11	전통과 현대 문화의 관계	공연 관람	마당극 공연장

6학년 군청 통합학습 운영 사례

입법부 행정부 사법부 우리 군의 입법과 행정 면담의 특징과 주의할 점 면담을 위한 질문지 작성	사 전 활 동	사회과에서 정치를 공부하고 국어과에서 면담을 공부하면서 정치가 우리 삶에 미치는 영향을 면담을 통해 확인하도록 계획함
	본 활 동	우리 군청의 평생교육과와 군의회를 방문하여 행정과 입법을 실감하고 우리 삶에 미치는 영향을 면담을 통해 공부함
모둠별 학습 내용 정리 보고서 작성 개별로 작성한 보고서 발표 홈페이지를 통해 음악 편지 선물	사 후 활 동	모둠별로 공부한 내용을 함께 정리한 후 각자 보고서를 작성함. 보고서를 통해 행정과 입법이 우리 삶에 미치는 영향을 서로 나눔

군의회를 방문하여 의정 체험을 하고 있다.

4학년 통합학습 계획(5월)

1. 주제:나만의 그릇 만들기

2. 일시:5월 14일(목요일) 09:00~15:00

3. 장소:이천 도자기 축제

4. 관련 교과:도덕 2, 사회 2, 미술 2

5. 학습 목표
- 경기도 지역 특산물을 알아보고, 이천 도자기 축제 체험해보기
- 이천 도자기 축제에서 여러 작가들의 작품을 감상하고, 나만의 그릇 디자인해보기
- 흙의 성질을 알고, 나만의 그릇 만들어보기

6. 소요 예산

품목	단가	수량	금액	비고
버스 사용료	350,000	1대	350,000원	
프리이빗 도자관 (나만의 도자기 만들기)	10,000	20명	200,000원	
계			550,000원	

7. 시간 계획

시간	내용	세부 내용	비고
09:00~09:40	이동	이천 도자기 축제로 이동	
09:40~11:00	작품 감상	여러 작가들의 전시 작품 감상해 보고, 내가 만들고 싶은 그릇 디자인해보기	
11:00~12:00	축제 체험	이천 도자기 축제의 여러 활동 코너 체험	
12:00~13:00	점심 식사	도시락	
13:00~14:00	도자기 만들기	나만의 도자기 디자인하기	
14:00~15:00	이동/귀가	학교로 이동, 집으로 귀가	

8. 학습 계획

순서	주제	학습 내용	교과 및 관련 단원	비고
1	나만의 도자기 만들기	• 도자기 감상하기 – 이천 도자기 축제의 여러 작가들의 도자기 작품 감상하기 – 학습지에 내가 만들고 싶은 도자기 디자인해보기	미술 9. 그릇 만들기	학습지
2		• 이천 도자기 축제 체험하기 – 이천 도자기 축제 구경해보기 – 흙, 놀이, 영상 자료 체험 등 활동 코너 체험해보기	사회 2–(1) 우리 시도의 자원과 생산 활동	
3		• 도자기 디자인해보기 – 프라이빗 도자관에서 나만의 도자기 디자인해보기 – 초벌 구이된 작품에 그림 그리기	미술 9. 그릇 만들기	
4		• 자주적인 생활의 중요함 알기 – 체험학습을 가서 지켜야 할 규칙 알기 – 스스로 규칙 잘 지키기	도덕 2. 내 힘으로	

9. 체험학습 연계 학습

• 사전 학습
– 내가 살고 있는 지역 경기도의 특산물 알아보기(사회 2)
– 이천 도자기 축제의 여러 가지 작품과 우리나라의 도자기 작품 감상해보기(미술 2)

• 사후 학습
– 이천 도자기 축제를 다녀온 소감 적어 보기(일기– 과제로 제시)
– 지점토와 찰흙을 이용하여 내가 디자인했던 도자기 작품 만들어보기(미술 2)

(5) 생태학습

생태학습은 우리 학교의 장점인 우수한 생태 환경을 활용한 학습이면서 미래를 살아갈 아이들에게 생태적 감수성을 기르고 자연과 인간이 상생하는 것을 일깨우는 학습이다. 유네스코에서는 21세기 지식정보화사회로의 구조 변화에 부응하기 위하여 크게 네 가지 교육 방향을 제시하고 있는데, '알기 위한 학습, 행동하기 위한 학습, 함께 살아가기 위한 학습, 존재하기 위한 학습'의 네 가지 영역에서도 나타난다.

생태주의 사상은 환경, 자연을 중시할 뿐만 아니라 근대 이후 인류가 이룩해놓은 모든 문명과 삶의 방식을 근본적으로 바꾸어보려는 관점이라고 할 수 있다. 인간 중심에서 생태 중심으로, 인간과 자연의 대립이 아닌 상생의 차원으로, 개발보다는 보존으로 인류의 삶의 방식을 전환하려는 태도이다. 이러한 관점을 우리 학교에서 교육과정을 통해서 실천하려는 시도가 생태학습이다.

2008~2009년은 일회적인 체험 활동으로 생태학습을 진행했다. 휴양림을 이용하거나 학교 주변 지역을 활용한 생태학습이었다. 그러나 평가를 통해서 생태적 감수성을 기르기 위해서는 지속적인 활동을 통해 생태의 변화가 사람들의 생활과 어떤 관련을 갖느냐를 이해할 때 가능하다는 결론을 내리고 지속적인 관찰, 활동이 가능한 논농사로 생태학습 내용을 변경하였다.

기대하는 아이들의 모습:생태적 감수성

풀꽃 하나, 나무 한 그루에도 눈길을 주고 아름다움을 느끼며, 자연과 더불어 살아가는 생태적 감수성이 넉넉한 아이를 생태학습을 통해 기르고자 한다. 우리 아이들이 경쟁보다는 협동을, 소유보다는 나눔을, 나보다는 우리를 먼저 생각하기를 기대하고 있다.

어떤 내용인가?

전교생을 대상으로 운영하며 논농사를 통해 교과의 내용을 다양하게 재구성하여 생태 감수성을 높이도록 운영하였으며 논이 가지는 습지 생태계의 다양성, 건강성, 공존성과 생태계와 우리의 관계를 느낄 수 있도록 했다. 학생들이 접근하기 쉽도록 학교 옆에 있는 논을 임대하여 글쓰기, 그리기, 관찰하기, 돌보기, 짚풀 공예 등의 활동을 했다.

전교생이 논에 모내기를 하고 있다. 모내기를 한 후에는 우렁이를 살게 하여 풀을 방지하였다.

어울마당 시간에 허수아비를 만들어 온 논에 허수아비 농사를 지었다.

1학기 생태학습 – 모내기

1. 방침

　가. 2010 조현 꿈자람 교육과정의 생태학습의 한 방법으로 진행
　나. 전체 생태학습 시수(12~16시간) 중 관련 활동에 관한 생태학습
　　시수는 담임교사 재량으로 결정
　다. 행사를 위한 행사가 아닌 학생들의 교육 활동으로 전개

2. 내용
　가. 일시 : 2010.5.26(수) 09:00~12:20
　나. 장소 : 학교 생태학습지 '논'
　다. 대상 : 전교생(유치원 포함), 교직원, 학부모
　라. 시간 운영

시간	내용	장소
09:00~09:30	사전 교육(모내기를 왜 하나, 어떻게 하나)	교실
09:40~10:40	3, 4학년 모내기	논
10:40~11:00	1학년 모내기	논
11:00~11:20	유치원, 2학년 모내기	논
11:20~12:20	5, 6학년 모내기	논

3. 역할 분담

역할	담당	비고
아동 인솔, 지도	담임	학부모
전체 흐름 진행, 사진 촬영	최영식	
동영상 촬영	손정오	
못줄 잡기, 모심기 진행	조영준, 천귀선, 신재섭	학부모
모 배분		학부모
간식	김경자	
텃밭 및 장비 지원		고구마 순, 비닐

4. 기타
   가. 간식 및 점심 식사 시간 운영은 진행 상황에 따라 담임교사의 판
      단 아래 진행
   나. 모내기 전후 텃밭에서 고구마 순 심기를 함
   다. 고르지 못한 날씨로 인해 학생들이 감기에 걸리지 않도록 젖은 옷
      은 바로 갈아입을 수 있도록 조치

2학기 생태학습 – 벼베기

주제
• 벼베기 체험 활동을 통한 생태적 감수성 증진

목적
• 우리 학교가 가지는 가장 큰 장점인 학교 주변의 생태적 환경을 최대
  한 교육적 요소로 끌어들여 활용함
• 땅과 물과 햇빛의 힘으로 키워 낸 자연이 주는 먹을거리에 감사하며
  자연을 이용하는 올바른 방법에 대하여 알기
• 몸소 체험을 통해 농사를 짓는 분들에게 감사하는 마음 갖기
• 학부모와 함께하는 체험 활동으로 학부모의 학교교육 참여 기회 확
  대를 가져옴

주요 활동 내용
• 떡메 치기, 콩고물 묻혀 인절미 만들어 먹기
• 벼베는 방법 알기, 안전한 농기구 사용법 알기
• 벼베기, 볏단 나르기
• 체험 활동 후 다양한 방법으로 표현하기(그림, 글, 만들기, 자기 생각
  발표 등 학년 수준에 맞게 담임교사 재량으로 실시 운영)

주요 일정 및 순서
• 인절미 만들기
  09:30 ~ 10:00 : 학부모 준비 활동
  10:00 ~ (30분 간격) : 2 → 1 → 유 → 6 → 3 → 4 → 5학년

- 벼베기

  10:00 ~ 10:30 : 학부모 준비 활동

  10:30 ~ (30분 간격) : 3 → 4 → 5 → 2 → 1 → 유 → 6학년

주요 업무 및 담당자
- 전체 진행 : 박성만
- 떡메 준비 및 운반 : 조영준, 신재섭, 천귀선
- 농기구 준비(낫) : 이용규
- 떡 및 기타 소모품 주문(떡 6말, 일회용 장갑, 접시 등) : 김경자
- 인절미 만들기 지원 : 신재섭, 각 담임교사
- 안전 교육 : 최영식
- 벼베기 활동 지원 : 조영준, 천귀선, 각 담임교사
- 3학년 보조 : 최진희
- 구급 및 응급처치 : 최미자
- 사진, 동영상 촬영 : 최영식, 손정오

기대 효과
- 농사 체험을 통해 친환경 농작물에 대한 인식 증진
- 논농사 체험을 통해 바른 먹을거리의 중요성, 논의 중요성 알기
- 학생, 학부모가 함께 땀의 소중함, 자연의 소중함을 느낄 수 있는 기회 제공

학부모, 아이들이 벼베기를 하고 있다. 수확한 쌀로 인절미도 만들어 먹고, 불우 이웃 돕기도 하고, 한 봉지씩 나눠서 밥을 해 먹기도 했다.

(6) 문화예술학습

조현 교육에서 문화예술교육은 우리 학구에는 문화예술 기반시설이 전무하다는 점을 보완하는 의미도 있지만, 그동안 우리 교육이 지나치게 지식과 기능 중심의 교육에 치우쳤다는 반성에서 도입했다.

교과에 음악과 미술이 있지만 이마저도 문화예술교육의 지향을 담기에는 여러 문제가 있어서 국어, 체육, 음악, 미술 교과를 재구성하여 연극, 무용, 뮤지컬, 디자인 등의 문화예술교육 프로그램을 마련했다.

한국문화예술교육진흥원 주최로 2006년에 '창의성을 위한 문화예술교육' 국제심포지엄에 참가하기 위해 한국을 찾은 오스트리아 에듀컬트 대표 미하엘 비머는 문화예술교육의 중요성을 다음과 같이 강조했다.

"문화예술교육을 받은 학생들은 호기심과 학습 능력이 뛰어날 뿐만 아니라 창조성과 사회성도 좋습니다. 그래서 유럽에서는 문화예술교육이 다른 교과들과 동등한 위치를 차지하고 있습니다."

그는 과목별로 나눠 가르치는 전통적인 학교교육 방식은 최상이 아니며 청소년들을 21세기에 적응시키기 위해서는 새로운 교육 방법이 필요하다고 말했다.

단순히 인지 능력만을 키우기보다는 비판적 사고 능력, 혁신적 창조력, 사회적 적극성 등 전반적인 인간 능력과 소양을 개발해야 하는데, 이를 위해서는 문화예술교육이 바탕이 돼야 한다는 것이다.

비머는 "다양한 시각, 비판적 판단력을 갖추고 있고, 사회성도 더 낫기 때문에 실제로 사회적 업무 수행에 더 탁월한 성취를 보인다"고 했다.

뿐만 아니라 후기 지식기반사회는 다니엘 핑크의 지적처럼 '감성의 시대'로서 문화예술교육의 중요성을 말하고 있다. 문화예술학습은 과학, 수학, 사회 교과와 균형을 이루어 통합적, 융합적 인재인 다빈치형 인재 육성을 위한 활동이기도 한 것이다.

기대하는 아이들의 모습:창의성, 감수성, 사회성

문화예술학습(무용, 연극, 뮤지컬, 상상놀이터)은 오감을 통해 학습을 하며 오감을 통해 세상을 만나게 한다. 수학, 과학 등의 논리적 학습과 달리 감성을 동원한 학습이다.

이런 학습을 통해 자신과 이웃, 세상을 넉넉하게 이해하고 사랑하는 법을 익혀 조현 아이들이 창의성과 감수성, 사회성이 뛰어난 아이들이 될 것을 기대하고 있다.

어떤 내용인가?

미술 재구성 – 시각 디자인

학년	학습 개념	주제 영역	활동 영역	소재	학습 프로그램	학습 목표	차시
1 학년	탐색	몸과 공간	감각 경험	학교 건물 안	학교 공간, 몸으로 알기	공간의 생김새, 쓰임새 이해 용도와 소재의 이해	12
2 학년	탐색	시각 예술과 생태	감각 경험, 아이디어 발상 및 전개	학교 건물 밖	텃밭과 살림의 디자인	다른 생물들과 공생에 대한 생각의 계기 마련 모든 것들을 '살게' 하는 디자인의 이해	12
3 학년	발견	시각예술과 지역·사람 ·이야기	심상의 시각화	지역	우리 동네 지도 다시 그리기	우리 동네와 골목길의 새로운 발견 지도의 용도와 기능에 대한 확장된 이해	12
4 학년	발견	시각예술과 사회	시각예술 읽기, 아이디어 발상 및 전개	사물들	나의 물건들 속 나	당연하게 생각하고 받아들여 온 시각예술과 사회 관념의 관계 발견 시각언어의 메시지 이해	12
5 학년	상상	시각예술과 생태	아이디어 발상 및 전개	옷	그린, 그린 티셔츠	일상적인 소비와 환경오염, 지구온난화의 관계에 대한 인식 유연한 상상력의 배양	12
6 학년	인식	시각예술과 사회	시각예술 읽기, 아이디어 발상 및 전개	음식	내가 먹는 것과 나, 그리고 디자인	시각예술이 가진 잠재적 위험 및 사회적 역할에 대한 이해	12

교사 워크숍

내용 월간지 〈고래가 그랬어〉 애니메이션 담당 임경섭 화가와 워크숍을 열고 프로그램
　　　내용을 조정했다.
시기 3월
장소 다목적실

5학년 상상

내용 티셔츠가 오는 과정, 일반적인 티셔츠의 특징을 알고 티셔츠를 새롭게 디자인하는
　　　과정으로 진행했다.
시기 5월
장소 다목적실

6학년 인식

내용 시각디자인이 가진 위력과 위험을 알고 디자인을 통한 사회적 기여를 체험하는 과
　　　정으로 진행했다.
시기 4월
장소 다목적실

체육 재구성-무용

학년	학습 개념	주제 영역	활동 영역	소재	학습 프로그램	학습 목표	차시
1 학년	감각 열기	감정 표현	즉흥 표현	달리기 이야기	몸으로 말하기 춤추는 글자들 감각 열기	보고 듣고 만지는 것으로 감각 발달시키기 무용으로 나를 표현하기 무용으로 사물이나 현상 이해하는 능력 키우기	12
2 학년	무용과 놀기	음악과 색을 다른 시각으로 표현하기	공동체 놀이	강강 술래	몸으로 말하기 무용과 만나기 무용과 놀기	음악과 색, 시와 노래를 다른 시각으로 바라보고 표현하기 민속춤 '강강술래'를 통하여 조상을 이해하고 사회성 기르기	12
3 학년	내가 만든 소고춤	나의 감정과 상상으로 표현하기	창작	소고춤	몸으로 말하기 소고 다루기 내가 만든 소고춤	생각을 즉흥적으로 표현하고 주제에 맞게 상상하여 표현하기 작품을 변형하여 새로운 작품으로 표현하기	12
4 학년	함께 만든 부채춤	춤의 관찰로 새로움 창조하기	창작	부채춤	몸으로 말하기 부채 다루기 우리가 만든 부채춤	춤 속의 수학과 과학의 원리 찾기 관찰을 통해 새로움 창조하기 상호작용으로 사회성 기르기	12
5 학년	함께 만든 탈춤	탈춤의 이해로 창조하기	창작	탈춤	몸으로 말하기 탈춤 이해하기 우리가 만든 탈춤	우리나라 탈춤의 특징 이해하기 탈춤과 서양 가면극 비교하기 이야기가 있는 우리만의 탈춤 만들기	12
6 학년	창작 이야기	무용 창작법 알기	창의적 표현	창작 이야기	몸으로 말하기 움직임의 기호 창작 이야기	무용 창작법 알고 새롭게 표현하기 우리들의 일상을 다양하게 표현하기 무용 감상법 익히기	12

교사 워크숍

내용 청평예술학교에서 마련한 기획안을 함께 진행하고 체험하면서 내용과 수준을 협
    의했다.
시기 3월
장소 다목적실

2학년 무용과 놀기

내용 음악과 미술, 시와 노래를 즉흥적으로 표현하고 강강술래를 아이들의 방식으로 표
    현하도록 진행했다.
시기 4월
장소 다목적실

6학년 창작 이야기

내용 일상생활에서 일어나는 일을 움직임의 기호를 통하여 창의적으로 표현하는 활동
    을 했다.
시기 5월
장소 다목적실

음악 재구성–뮤지컬

학년	학습 개념	주제 영역	활동 영역	소재	학습 프로그램	학습 목표	차시
1학년	뮤지컬 놀이	뮤지컬 놀이	리듬 활동	잘못된 영어 표현	스토리 이해 몸짓과 동선 뮤지컬 작품	뮤지컬 놀이와 게임을 통해 적극적인 태도 갖기 리듬과 무용을 통해 즐겁게 표현하고 사회성 기르기	12
2학년	뮤지컬 표현	동요를 동작과 춤으로 표현하기	표현 활동	영어 동요	스토리 이해 몸짓과 동선 뮤지컬 작품	뮤지컬 즐기기 무대를 인식하고 이동하기 작품 활동으로 사회성 기르기	12
3학년	뮤지컬 창작	동요를 뮤지컬로 표현하기	창작 활동	영어 동요	스토리 이해 몸짓과 동선 뮤지컬 작품	신체를 조절하여 연기하기 작품을 변형하여 독창적인 작품 만들기	12
4학년	뮤지컬 창작	우화를 동작과 춤으로 표현하기	창작 활동	영어 우화 개미와 배짱이	스토리 이해 몸짓과 동선 뮤지컬 작품	춤과 노래의 즐거움 느끼기 동화를 뮤지컬 방법으로 표현하기 작품을 변형하여 독창적인 작품 만들기	12
5학년	뮤지컬 창작	동화를 동작과 춤으로 표현하기	창작	영어 우화 흥부와 놀부	스토리 이해 몸짓과 동선 뮤지컬 작품	춤과 노래의 즐거움 느끼기 동화를 뮤지컬 방법으로 표현하기 작품을 변형하여 독창적인 작품 만들기	12
6학년	뮤지컬 창작	동화를 동작과 춤으로 표현하기	창의적 표현	영어 우화 백설 공주	스토리 이해 몸짓과 동선 뮤지컬 작품	춤과 노래의 즐거움 느끼기 동화를 뮤지컬 방법으로 표현하기 작품을 변형하여 독창적인 작품 만들기	12

교사 워크숍

내용 뮤지컬 임해영 강사가 기획한 학년별 과정을 함께 진행하고 체험하면서 내용과 수
　　준을 정리했다.
시기 9월
장소 다목적실

5학년 뮤지컬 창작

내용 '댄싱 퀸' 노래에 맞춰 율동을 구상하여 연습하고 있다.
시기 9월
장소 다목적실

5학년 뮤지컬 창작

내용 기존 작품을 변형하여 독창적인 작품 만들기를 하고 있다.
시기 9월
장소 다목적실

국어 재구성-연극

학년	학습 개념	주제 영역	활동 영역	소재	학습 프로그램	학습 목표	차시
1학년	다양한 표현	표현	이야기 만들기	교실에 있는 사물들	몸으로 말하기 소리와 몸짓 움직이는 노래 다시 쓰는 시	연극 요소를 몸으로 경험하기 교실을 상상과 이야기가 펼쳐지는 공간으로 만들기 시와 노래를 몸으로 표현하고 바꾸기	12
2학년	인물의 마음 실감 하기	공연	인형극 만들기	인형극	몸짓 놀이 상상과 변형 물체 인형극	연극의 요소를 몸짓 놀이로 알기 표현 활동을 종합하여 인형극 만들기 작품 속 인물의 마음 느끼기	12
3학년	몸짓 언어	감수	소리 언어 몸짓 언어	소리 언어	소리로 말하기 상상과 말놀이 즉흥극 토론하기	소리 언어의 특징 즐기기 상상과 상황에 따른 말하기 상황을 실감하고 조리 있게 토론하기	12
4학년	인물 표현	작품과 인물	성격에 맞는 몸짓과 표정	성격	말놀이와 연극 탈과 표정 인물 표현 탈놀이	인물과 상황에 따른 표정과 행동/인물 표현을 통한 인물의 감정 이해 특징적인 인물을 탈로 표현하여 연극 만들기	12
5학년	이야기 이어 가기	창작	뒷 이야기 창작 하기	흥부와 놀부	상상과 변형 등장인물의 성격 이야기 창작	상상과 변형의 즐거움 느끼기 등장인물의 성격 알아보기 인물에 대한 해석을 달리하여 작품의 뒷이야기 연극하기	12
6학년	창작극	창작	이야기 만들기	실종과 남긴 물건들	관계 이해하기 인물과 사물 이야기 만들기 연극하기	인물의 감정을 몸짓으로 표현하기/작품을 연극으로 표현하기/예지의 실종과 남긴 물건으로 사건을 상상하여 연극하기	12

교사 워크숍

내용 극단 '해마루'에서 기획한 학년별 과정을 함께 진행하고 체험하면서 내용과 수준
 을 협의했다.
시기 9월
장소 다목적실

3학년 몸짓언어

내용 상상과 상황에 따라 몸짓으로만 말하기를 배우고 있다.
시기 10월
장소 다목적실

6학년 창작극

내용 일상생활에서 일어나는 일을 움직임의 기호를 통하여 창의적으로 표현하는 활동
 을 했다.
시기 10월
장소 다목적실

(7) 창조학습

창조학습은 우리 학교의 장점인 우수한 생태 환경을 활용하여 문화예술 기반 시설이 전무해 일상생활에서 문화예술을 접할 수 없다는 점을 보완하기 위한 학습이다. 자연물을 이용하여 문화예술교육으로 발전시키는 형태다. 생태학습과 문화예술학습에서 기대하는 효과를 통합적으로 얻을 수 있다. 자연환경에서 문화예술 영역의 상상력을 얻어 새로움을 찾는다는 뜻에서 재량활동을 재구성하여 창조학습으로 이름 지었다.

기대하는 아이들의 모습 : 감수성, 창의성

생태학습에서 생태적 감수성을 기른다면 문화예술을 통해 예술적 감수성을 기르게 된다. 이 생태적 감수성과 예술적 감수성의 융합을 통해 조현 아이들이 삶에서 적극적인 창의성을 발휘할 것을 기대한다.

어떤 내용인가?

생태계를 이해하고 자신을 긍정적으로 바라보고 이웃에 대한 사랑과 이해의 마음을 갖게 하고 자신이 만난 결과를 예술로 표현하여 창조성과 자존감을 높이기 위해 실시한다. 전 학년을 대상으로 재량활동 시간을 활용하여 주기 집중 학습 형태로 생태예술 전문가와 함께 학년별 16차시를 진행한다.

1학년 주제_원초적 마음 열기

시기	차시	주제	제목	수업 활동 방법	장소
10월	1~4	오리엔테이션 및 숲을 오감으로 느끼기	동물의 눈으로	거울, 눈가리개 등 도구 이용한 숲 관찰	주변 숲
	5~8	오감으로 숲 살피기	나무야 나무야	숲 관찰	숲
	9~12	자연 속의 색깔	알록달록 자연은 내 친구	숲 관찰	숲
	13~16	또 다른 눈	동화야 놀자	그림책 읽고 이야기하기	실내

2학년 주제_원초적 마음 열기

시기	차시	주제	제목	수업 활동 방법	장소
9월	1~4	오리엔테이션 및 숲을 오감으로 느끼기	숲을 온몸으로	숲 산책	숲
	5~8	숲 이해하기	숲을 도화지에	숲에서 구한 자연물 살피고 구성	숲
	9~12	숲 관찰하기	안녕 숲?	숲에게 하고 싶은 말 쓰고 그리고 말하기	숲
	13~16	생태 관련 영화 감상	'아름다운 비행'	영화 감상하고 이야기하기	시청각실

3학년 주제_자연과의 교감 그리고 상상하기(낯설게 보기 그리고 실재)

시기	차시	주제	제목	수업 활동 방법	장소
4월	1~4	오리엔테이션 및 숲 명상	숲을 온몸으로	숲 산책	주변 숲
	5~8	자연과 주변환경 그리고 나 (관계 이해하기)	나는 누구일까?	게임(스무 고개)	교실, 야외
	9~12	봄꽃 관찰	봄의 주인공을 찾아서	주변 꽃 관찰하고 자세히 그리기	야외
	13~16	표상화하기(콜라주와 어셈블리지 작품 소개)	자연 속에서 만나는 나만의 이미지	아르킴 볼드, 마르셀 뒤샹의 작품 소개하고 자신의 작품 구상하기	다목적실

4학년 주제_자연에게 가는 길 – 버드나무 터널 만들기

시기	차시	주제	제목	수업 활동 방법	장소
10월	1~4	오리엔테이션 및 숲 명상	숲을 온몸으로	숲 산책	실내, 숲
	5~8	비오톱 만들기 Ⅰ	비오톱을 만들자	버드나무 터널 계획 (상상하고 그리기)	실내
	9~12	버들피리 만들기	버들피리 삘~ 리리리~	버들피리 만들며 나무의 구조와 원리 익히기	실외
	13~16	비오톱 만들기 Ⅱ	비오톱을 만들자	버드나무 터널 만들기 (터 닦고 꺾꽂이)	학교 주변

5학년 주제_'나'와 '타자'의 관계 이해하기 – 세계의 모습

시기	차시	주제	제목	수업 활동 방법	장소
9월	1~4	오리엔테이션 및 또 다른 나	자신에 대하여	자신에 대하여 그리고 쓰고 말하기	실내
	5~8	커뮤니케이션	서로에 대하여	서로에 대하여 인터뷰하기	실내
	9~12	세계의 모습 공시와 통시	김밥 만들기	김밥을 만들어 먹고 세계의 모습 이해하기	식당
	13~16	관계된 이미지 상상 세계의 모습 알레고리	그림으로 꼬리물기 그림 속 이야기	칠판에 순서대로 꼬리를 물고 연상하여 그리기/보티첼리의 프리마베라 도상 해석	실내

6학년 주제_하천의 생태를 탐사하여 하천 지도 제작

시기	차시	주제	제목	수업 활동 방법	장소
4월	1~4	오리엔테이션 및 숲 명상	숲을 온몸으로	숲을 산책하고 관계에 대해 이야기하기	실내, 숲
	5~8	하천 살피기	하천은 무엇으로 이루어졌고 누가 살고 있나?	하천의 구조와 서식 생물에 대해 살피기	주변 하천
	9~12	하천 살피기	우리 하천은 몇 급수?	에코 테스트	주변 하천
	13~16	하천의 모습 꾸미기	하천의 모습 구체화하기	그동안 살핀 것들을 연상하여 하천의 모습을 그려보기	실내

하천 주변의 생물과 하천의 생물이 서로 어떤 관계를 맺으면서 살아가고 있는지와 생물의 모습을 살펴보는 활동을 하고 있다.

하천에 살고 있는 것들을 알아보고 그들의 관계를 협동 작품으로 표현하면서 우리의 삶을 연결하는 활동을 하고 있다.

하천과 주변 생물의 모습과 관계, 주변 생물이 살아가는 모습을 살펴본 후 연필로 그림을 그려 생태 지도를 완성하였다.

(8) 어울마당

특별활동 영역에서 실시하는 전교생 무학년제 공동체 행사를 말한다. 우리 학교의 특별활동 프로그램은 크게 어울마당, 동아리, 수런 활동으로 되어있다.

우리 학교는 학교, 교사 중심의 전체 학생 조회를 하지 않는 대신 작은 학교의 특성을 살려 학생 중심의 공동체 행사인 어울마당을 갖는다. 어울마당은 학생회가 중심이 되어 기획하고, 진행하는 전체 어울마당이 있고, 학급별로 학급회의나 학급 행사를 갖는 학급 어울마당이 있다. 자치 활동, 계발 활동, 친교 활동 등 다양하게 기획하여 운영한다.

기대하는 아이들의 모습 : 공동체성, 자율성

학생들이 만들어가는 교육과정의 일환이면서 자치 능력을 기르면서 더불어 사는 삶을 가꾸는 활동이다. 이러한 활동이 지속되면서 조현 아이들이 학교 주인으로서 실질적인 학생 중심의 자치 활동을 꾸려 갈 수 있는 능력을 기르고 민주 시민으로서 자질을 갖추기를 기대한다.

어떤 내용인가?

모두가 함께하는 '어울마당' 운영

날짜	모임 주제	모임의 내용	비고
매월 첫째 주	전체 가족 모임	한 달을 시작하는 전체 가족 모임(생일 축하, 교장 선생님 말씀, 학교 소식 전달하기)	1~6학년 참석
매월 둘째 주	학생회 주관 행사	학생회가 주관하여 전체 학생들을 대상으로 행사를 기획하고 운영함	1~6학년 참석
매월 셋째 주	학급 활동	학급별 자치 활동	
매월 넷째 주	조현 가족회의	학교 구성원들 간에 생기는 일, 학급이나 학교에 건의할 사항들 중심으로 토론	3~6학년 참석

조현 가족회의
학교생활이나 친구 관계에서 생기는 문제점과 불편함을 회의를 통해 해결하면서 민주
적인 생활 태도를 갖게 하고 동시에 소수자에 대한 배려를 배우게 한다.

학생회 주관 행사
밭에 고구마를 심어 수확할 때를 맞추어 학생회에서 고구마를 이용한 요리 대회를 기획
했다. 전 교직원이 심사위원이 되어 심사를 해야 할 만큼 우열을 가리기 어려웠다.

학생회 주관 행사-뒤뜰 야영
1학기 어울마당을 정리하면서 참여와 소통, 공동체 마음의 시너지 효과를 주기 위해 뒤
뜰 야영을 진행했다. 화해와 평화의 등불을 만들어 말없이 숲과 관계 맺는 모습이다.

(9) 동아리

동아리는 특별활동의 영역이면서 기존의 클럽 활동이 학교, 교사 중심인 것을 벗어나 아이들이 자주적으로 만들고 운영하는 형태의 동아리 활동을 말한다. 대학생들이 스스로 동아리를 만들어 운영해 가는 것과 같은 형태지만 초등학생이란 점을 감안하여 적절한 수준으로 조정하여 운영하고 있다.

그동안 학교의 클럽활동은 학생의 요구와 관계없이 교사 중심으로 만들어졌는데, 이러한 관행에서 벗어나 학생의 요구 중심이되 자발성과 참여도를 최대한 높이겠다는 취지로 도입했다. 아이들이 만들 동아리를 홍보하고 조직하여 학생이 지도 교사를 찾는 형태이며, 학생 스스로가 학습할 내용을 계획하고 실천하는 형태이다.

기대하는 아이들의 모습 : 자기 주도적 능력

아이들이 다양한 취미, 특기 관련 동아리 활동을 통하여 자주적인 태도를 기를 수 있다. 학생이 만들어 가는 교육과정이다. 이 동아리 활동을 통하여 자기 주도적인 학습 능력을 기르고, 높은 성취 욕구를 갖길 기대한다.

어떤 내용인가?

3~6학년을 대상으로 운영하는데 학생이 주도적으로 동아리를 구성하여 지도 교사를 초빙하는 형태로 운영되며 다섯 명 이상 참여할 경우 개설한다. 문화예술과 관련된 동아리의 경우 학교에서 전문 강사를 초빙하여 운영하도록 했다. 주기 집중 형태로 운영하며 매주

화요일 5~6교시에 배치하여 1학기는 9주 연속, 2학기는 8주 연속 운영한다.

2010년 동아리

구분	동아리명	담당 교사	비고
영화부	조현시네마	김용희	문화예술
무용부	하늘나래	허진경	문화예술
연극부	몸짓그림	최영식	문화예술
애니메이션부	그림세상	조경남	문화예술
놀이부	애들아, 놀자	허정윤	학생이 만든 동아리
댄스부	조현댄스	최 탁	학생이 만든 동아리
야구부	조현드래곤즈	오동진	학생이 만든 동아리

2011년 동아리

구분	동아리명	담당 교사	비고
영화부	조현무비월드	윤소미, 김사규	문화예술
무용부	F4	허진경, 김현숙	문화예술
애니메이션부	조현디즈니	강소현, 박미정	문화예술
축구1부	조현숫돌이	윤운중	학생이 만든 동아리
축구2부	조현숫돌이	정유진	학생이 만든 동아리
미술1부	색깔요정들	최규철	학생이 만든 동아리
미술2부	파스텔요정	조경남	학생이 만든 동아리
댄스부	탁곰과 아이들	최 탁	학생이 만든 동아리
생활과학부	과사모	오동진	학생이 만든 동아리

댄스부 활동
4학년에서 6학년까지 총 열 명으로 구성된 '조현댄스'가 조현 가족 축제에서 공연하고 있다.

무용부 활동
'하늘나래'가 봉산탈춤을 각색하여 조현 가족 축제에서 공연하고 있다.

애니메이션부 활동
애니메이션 동아리 '그림세상'에서 제작한 영상을 조현 가족 축제에서 상영했다.

조현초 교육과정 지원 프로그램

학습 능력 증진 프로그램 '조현 오름길'

왜 하는가?

'아이들의 학습 능력은 어떻게 신장되는가?' 이 물음을 달리 말하면 '아이들의 삶은 어떻게 긍정적으로 변화, 발전하는가?'라고 할 수 있을 것이다.

우리 학교에서는 이 물음에 대한 답으로 아이들의 정의적인 능력이 바탕이 되어야 한다는 것을 강조하고 있다. 아이들의 정의적 능력은 호기심, 성취감, 도전 의식, 목표 의식, 몰입 능력 등일 것이다. 이러한 정의적 능력이 전제되지 않으면 지식이나 지적 능력을 기르는 데 한계가 있다고 본다.

아이들의 정의적 능력을 기르는 데 기본이 되는 것은 교사와 학생 간의 신뢰를 바탕으로 아이의 장점을 찾아 칭찬하고 격려하는 것이다. 이런 활동을 통해 아이들은 삶에 자신감을 갖게 되고, 아이들의 자존감을 높일 수 있다.

'조현 오름길' 프로그램은 교사가 모든 교육 활동 장면에서 염두에 두는 내용이고, 아이들을 학습과 생활면에서 만나는 교육적 방법이다.

어떤 내용인가?

'조현 오름길' 프로그램

단계	영역	시기	방법	내용
기본 (신뢰 형성 및 장점 찾기)	학생-마음 나누기	수시	면담	학생-교사 신뢰감 형성
	학생의 장점 찾아 주기	수시	면담	학습, 생활, 취미 등 여러 분야에 걸친 장점 다양한 학교, 학년행사를 통해 장점 발굴
발전 (성취 및 목표 의식 갖기)	다양한 경험으로 자기표현하기	수시	학습 활동	학생의 장점, 특기를 친구들 앞에서 드러내기 자신의 장점으로 자신감 갖게 하기
	학생의 성취감 맛보게 하기	수시	각종 대회	학생의 소질과 개성을 발굴하고 살리는 대회 누구나 가진 소질을 살려 성취감 느끼기
	진로 지도로 꿈을 갖게 하기	강연 4회	검사 강연	진로 검사를 통한 자신의 진로 적성 파악 장래 진로를 통해 목표 의식 갖기
심화 (자기 주도적 학습 능력)	학습 방법 지도하기	수시	학습 활동	자기 주도적 학습력 향상 교과의 특성에 따른 학습 방법 익히기
	능력별 학습지도	수시	학습 활동	'조현꿈자람교육과정'을 통한 다양한 학습
	학생 자기평가 도입과 가정 연계	연4회	통지표	논술평가 도입 생활통지표 연 4회 가정 통지와 상담 통지표에 학생이 자기평가를 기재하여 능동적 인 학습 태도 기르기

자기 학습력을 기르는 '조현 학력 평가 시스템'

왜 하는가?

우리나라 교사들이 많이 찾는 외국의 학교 중에 프랑스의 공립
학교인 프레네 학교가 있다. 프레네 학교의 창시자인 셀레스탱 프레
네가 1964년경 30여 년간 교사 생활에서 얻은 30가지의 교육 불변
요소를 정리한 얇은 책자가 있는데 이름 하여 《교육불변 요소Les
invariants pédagogiques》라는 책이다.

이 30가지 불변요소를 실천할 수 있는 교사라면 프레네 교육을 성공적으로 수행하고 있다는 평가를 받는다. 30가지 불변요소에는 프레네의 아동관, 교육관, 수업관이 제시되어있는데 그중 평가와 관련한 일부 내용에 이런 것이 있다. '아동이나 성인은 만인 앞에서 평가받는 것을 좋아하지 않는다. 이런 시험이나 벌은 자신의 위엄성을 손상시킨다고 생각하기 때문이다.' '성적과 분류는 잘못된 것이다.'

시험을 쳐서 등수를 나누는 것은 잘못된 것일 뿐 아니라 나아가 학생의 존엄성을 손상시킨다는 주장이다. 좀 더 비약을 한다면, 프레네에 따르면 평가와 등수를 나누는 일은 학생의 인권을 침해하는 것으로 볼 수 있다. 너무 비약한 말일까? 아니면 우리 교육에서 절실한 말일까?

우리나라 평가가 걸어온 오랜 길을 짧게 더듬어보자. 평가를 더듬는 일은 학력관이 어떻게 변해왔나를 살피는 일과 다를 바 없을 것이다.

60년대 후반, 내가 초등학생일 때 중학교 입시가 있었고, 초등학교 때도 재수생이 있었다. 산골 벽지 학교였지만 도시락 두 개를 싸 들고 학교를 다녔다. 도시락 두 개를 먹으며 하는 일은 아침부터 밤까지 시험 문제를 푸는 일이었다. 그때는 중학교 입시 때문에 6학년은 음악이나 체육, 미술도 시험 문제 풀이 수업을 했고, 소풍도 가지 않고 오로지 입시 예상 문제만 풀었다. 날마다 시험을 쳐서 문제 하나 틀릴 때마다 손바닥이나 엉덩이에 불이 났던 건 말할 것도 없다.

전쟁이 끝난 지 10여 년이 지난 시기였고, 짧은 기간에 압축성장을 위한 제2차 경제개발 5개년 계획이 추진되던 시기였다. 우리 경제

성장 방식처럼 학생들 공부도 누가 단시간에 많은 지식을 암기하느냐로 능력이 결정되던 때였다.

70년대 후반, 내가 초등학교를 졸업하고 10년 만에 초등학교 교사로 아이들 앞에 섰다. 10년이면 강산도 변한다는데 얼마나 변했을까? 많이 달라지긴 했다. 난 6학년 때 날마다 시험을 봤는데 얘들은 월말고사만 봤으니까. 시험 횟수는 줄어도 여전히 점수 위주의 학력관이 중심이었지만 토요일에 '자유 학습의 날'이란 것이 생겼다.

아이들에게 학습 부담을 덜어 주고 인성과 창의성을 기르기 위해 매주 토요일은 현장학습이나 취미 활동을 하게 했다. 고교평준화는 1974년부터 시행되었다. 참 대단한 변화다.

70년대 산업화가 진척되면서 섬유, 신발 공업에서 전자, 중화학 공업으로 변하던 시기였으니 단순한 반복 암기 학습으로는 산업화의 진전을 이룰 수 없었을 것이다.

80~90년대, 87년 6월 항쟁 이후 우리 사회는 절차적 민주주의의 진전을 가져왔고, 교육에서도 많은 변화가 있었다. 전국교사협의회에 이은 전국교직원노동조합이 태동했다. 교과서대로 가르치라는 교육부가 90년대 5·31 교육 개혁을 기점으로 교과서는 참고 자료라는 당연한 말을 교사들에게 엄청난 고통을 준 후에 이야기했다. 월말고사가 없어지고 중간고사와 기말고사로 연 4회 평가를 권장했고, 양적 평가인 객관식 점수 위주의 평가를 지양하고 관찰, 실험, 보고서, 논술 등의 질적 평가인 수행평가가 도입되었으며, 대학 입시에도 논술 평가가 도입되었다. 문민정부가 들어서고 한 줄 세우기 교육에서 여러 줄 세우기 교육을 강조했다.

초등학교 성적표에 점수나 수, 우, 미, 양, 가의 평가를 서술식으로 기록했고, 초등학교를 중심으로 열린교육의 열풍이 불었으며 학생의 개성과 창의성을 존중하는 교육과 평가를 요구했다. 산업화를 넘어 지식정보화사회로 접어든 우리 사회의 교육적 요구라고 볼 수도 있다.

2000년대 후반, 그러니까 후기 지식기반사회에 접어들었다고 말하는 지금이다. 작년에 전국 단위의 일제고사로 교사들이 해임되고, 일제고사를 거부하는 학부모들과 학생들로 시끄러웠다. 왜 시끄러웠는지 앞에서 주마간산 격으로 살펴본 우리 교육에서 평가의 진화 모습에 비춰본다면 어느 정도 이해가 될 것이다. 한마디로 평가의 역주행이라고 할 만하다. 지난해 여름, 지방의 어느 초등학교는 방학 중에도 학교에 나와서 일제고사에 대비한 문제 풀이가 있었다고 한다. 그쯤 되면 70~80년대로 되돌아갔다고 할까.

문제는 우리 아이들이다. 우리 아이들의 환경은 90년대를 거치면서 질적인 발전을 했다. 기성세대가 쌓은 부를 바탕으로 경제적인 여유도 어느 정도 가졌다. 그리고 정치적으로도 상대적으로 자유롭고, 사회 문화적인 면에서도 다양한 가치관, 자율성이 존중받았다.

여기에 인터넷이라는 소통 수단을 가진 N세대는 '신종족'이란 별명까지 얻게 되었다. 이들은 교과서의 권위를 인정하지 않는다. 기성세대가 인류 문화의 정수를 모은 표준 지식이라는 교과서 지식을 달달 외우고 그 암기량으로 신분 상승을 이루었다면 지금의 아이들은 눈만 뜨면 새로운 지식을 만나고 그것도 활자나 사진만이 아닌 멀티미디어를 통한 정보를 실시간으로 만나고 있다.

공부하는 목적도 다르다. 기성세대가 학교를 신분 상승의 수단으로 삼았다면 지금의 아이들은 그야말로 자아 실현의 욕구가 강하다. 자기가 하고 싶은 일을 하며 살고 싶다는 생각이 대부분이다. N세대의 특징이라고 흔히 말하는 '놀이와 공부와 일의 구별이 없다'라는 말을 실감할 수 있다. 그러나 학교는 여전히 국, 영, 수를 우선하고 그것에 의해 아이들이 분류되어왔다. 진화한 아이들의 요구와 변하지 않은 학교와의 충돌, 이것이 90년대 교실 붕괴의 본질이라고 본다. 이것은 지금도 초·중등 교실에서 진행형이다.

이런 아이들에게 여전히 국, 영, 수 중심이며 객관식, 일제식 평가가 생리에 맞을 리가 없을 뿐만 아니라 우리 사회가 그동안 쌓아온 사회적 자산 속에 진화한 아이들에 대한 예의가 아니다. 아니 달리 말해 인권 침해이고, 교육이란 아름다운 말로 이루어지는 폭력이라고 하면 지나친 표현일까?

우리나라 어느 중학교에 근무하는 캐나다 원어민 교사는 우리나라 지필평가 중심의 학생평가를 보면서 캐나다 학교의 평가와 비교하여 다음과 같이 말했다.

"각종 보고서, 발표, 프로젝트, 제출한 과제물, 필기 노트, 책과 신문 칼럼에 대한 학생의 논평 등을 바탕으로 학생의 학업성취도를 평가한다. 단순한 시험에 의한 평가는 비중이 적다."

미국의 하버드 대학생은 우리나라 고등학생의 공부 모습을 보고 "한국 고등학생들은 어렸을 때부터 영어 단어와 방정식, 역사적인 연도나 인물, 문법 등을 암기하며 사는 것 같다. (중략) 독창적인 사고를 하는 방법이나 그 지식을 왜 배우는지 말하지 못한다"고 말했다.

이 말에 우리나라 평가의 문제가 고스란히 담겨있다. 우선 평가가 질적인 평가가 아니라 양적인 평가에 치우쳐있다. 수행평가를 실시한 지 꽤 여러 해 되지만 사실상 평가로서 의미는 중간고사나 기말고사 성적이 핵심이다.

다음으로 일제고사로 실시된다는 점이다. 국가나 지역 단위의 일제고사도 문제지만 학교 단위의 일제고사 역시 문제다. 초등의 경우 동학년 단위의 평가 문제는 모두 동일한 시기에 동일한 내용으로 실시한다. 교사별로 가르치는 내용과 방법이 다르다면 당연히 평가 내용도 달라야 한다.

또 수업 방법과 평가의 불일치가 문제다. 수업 방법이 토론식, 문제 해결식, 프로젝트 학습 등 다양한 방법이 있었다면 평가를 객관식으로 한다는 것은 부적절하다.

이런 문제점을 보완하기 위해 다음과 같은 방향을 갖는다.

(1) 평가는 학급별로 담임의 계획 아래 진행한다. 교사별 평가이며 학교 차원의 평가 일정 제시는 없다. 동학년별로도 평가 일정, 평가 문항 등에서 일제고사를 지양한다.
(2) 모든 평가는 수행평가이며 상시 평가로 진행한다. 따라서 중간, 기말고사라는 용어가 필요 없으며 기존 학급별 학습물철을 수행평가 포트폴리오로 활용한다.
(3) 수행평가 안에 논술평가(연 두 차례)나 조현 교육과정 9형태 내용까지 포함하는 종합평가(연 두 차례)가 포함된다.

(4) 수행평가의 주요 내용을 가지고 학급 대회로 진행한다. 이것은 학생의 장점 발굴, 격려, 자존감 향상, 수행평가 방법 개선을 위한 것이며 이를 지원하기 위해 학교 차원의 대회는 없다.

(5) 진로 적성 검사도 평가에 반영한다.

(6) 통지표는 연 세 차례(1학기 말, 2학기 말, 학년 말) 가정 통지를 한다.

(7) 학년 초나 학기 중간의 통지는 학부모 상담 주간, 가정 방문, 기타 담임별로 적절한 통지 방법을 활용한다.

(6) 떨어지는 아이들이 없도록 기초학력 지도와 특별 보충 지도 강사를 별도로 두며 심리 치료가 필요한 아이들을 위해 미술 심리 치료 프로그램을 둔다.

어떤 내용인가?

조현 평가 시스템

```
        ┌─────────┐
        │  진단평가  │
        └─────────┘
          │      │
          ▼      │   ┌──────────────────────────────┐
          │      │   │ 학력 증진 '조현 오름길' 프로그램 │
          │      │   └──────────────────────────────┘
          │      ▼
┌────────────┐   ┌──────────────────────────────────────────┐
│    학생    │   │ 수행평가(상시 평가)－교사별 평가 / 자체통지표 제작 │
│ 자기평가 반영 │───│   ·자기 생각 만들기(논술평가) · 종합평가      │
└────────────┘   └──────────────────────────────────────────┘
        │                ┌────────────────────┐
        └────────────────│ 보충 지도, 학습 심리 치료 │
                         └────────────────────┘
```

5학년	국어 자기 생각 만들기
	조현초등학교 5학년 이름 ( )

※ 다음 글을 읽고, 물음에 답하여 봅시다.

　일기예보에도 없던 비가 쏟아졌다. 도로 위의 사람들은 비를 피하기 위해 허둥지둥 뛰어다녔다. 나도 갑작스러운 비를 피하기 위해 눈에 띄는 한 건물의 좁은 처마 밑으로 뛰어들었다. 그곳에는 이미 나와 같은 처지의 청년이 서 있었다. 빗방울이 더 굵어지기 시작하자 할아버지 한 분이 가세하셨다. 그런 다음 중년 아저씨 한 분이 들어왔고, 마지막으로 아주머니 한 분이 비좁은 틈으로 끼어들었다.

　출근 시간의 만원버스처럼 작은 처마 밑은 낯선 사람들로 금세 꽉 찼다. 사람들은 비좁은 틈에 서서 멀뚱멀뚱 빗줄기만 쳐다보고 있었지만 비는 금방 그칠 것 같지 않았다.

　그런데 갑자기 뚱뚱한 아줌마 한 분이 이쪽으로 뛰어오더니 이 가련하기 짝이 없는 대열로 덥석 뛰어들었다.

　구르는 돌이 박힌 돌을 빼낸다고 했던가? 아주머니가 우리의 대열에 끼어들자 그 바람에 먼저 와 있던 청년이 얼떨결에 튕겨 나갔다. 그 청년은 어이가 없다는 표정으로 우리를 쭉 훑어보았다.

　모두 딴 곳을 바라보며 모른 척하고 있는데 할아버지께서 한마디 하셨다.

②

　그 청년은 물끄러미 할아버지를 쳐다보더니 길 저쪽으로 뛰어갔다.

　한 사오 분쯤 지났을까? 아까 그 청년이 비에 흠뻑 젖은 채로 비닐우산 다섯 개를 옆구리에 끼고 나타났다.

　그리고 사람들에게 하나씩 건네주며 말했다.

③

　청년은 다시 비를 맞으며 저쪽으로 사라졌고 사람들은 잠시 멍하니 서 있다가 청년이 쥐여 준 우산을 쓰고 총총히 제 갈 길을 갔다.

　그러나 [②   ] 라고 말한 할아버지만은 한참 동안 고개를 숙이고 있다가 우산을 바닥에 놓고는 장대비 속으로 걸어 들어가는 것이었다.

※ 글을 다시 읽고, 물음에 답하여 봅시다.

1. 윗글에 어울리는 제목을 써 보고 그 이유를 설명해 보세요.

2. 윗글을 읽고 상황에 어울리게 ②, ③의 대화를 완성해 봅시다.
   할아버지:
   청년:

3. 할아버지가 한참 동안 고개를 숙이고 있다가 우산을 놓고 간 이유는 무엇일까요?

4. 내가 그 청년이라면 어떻게 했을까? 청년의 입장이 되어 써 봅시다.

5. 내가 바라는 세상은 어떤 세상인지 위에 있는 글처럼 구체적인 상황을 들어 글을 써 보세요. (예를 들면, 여러분이 접하는 모든 생활 속 – 등굣길, 스쿨버스 안, 수업 시간, 활동 시간, 점심시간, 중간 놀이 시간, 하굣길, 집에서의 여러 가지 상황 등에서 찾아보면 좀 더 쉽게 찾을 수 있습니다.)

평가 기준

평가 항목	평가 범주	평가 관점	평가 결과
문제 파악 능력	논점 파악	무엇을 묻는 문제인지 정확히 파악하였는가?	상 중 하
근거의 적절성	근거의 적절성	내 의견에 대한 근거, 이유가 적절히 제시되었는가?	상 중 하
논리 전개 능력	구성과 짜임	글이 짜임새를 갖추고 있는가?	상 중 하
독창적 사고 능력	내용의 독창성	주장이 참신하고 자신만의 생각이 담겨 있는가?	상 중 하
표현 능력	표현의 정확성	띄어쓰기, 맞춤법이 올바른가?	상 중 하

6학년 과목별 평가 계획 예시

● 국가 수준 목표

1. 듣기
   1-1. 여러 가지 표현의 의미를 알아보고, 상황을 고려하여 겉으로 드러
        난 뜻과 속에 숨겨진 뜻을 구별하여 듣기
   1-2. 여러 가지 말하고 듣는 상황에서 적절하지 못한 표현을 찾아 적절
        한 표현으로 바꾸기
   1-3. 텔레비전이나 라디오 프로그램, 강연회 등에서 관심 있는 내용을
        적극적으로 찾아서 듣기

● 평가 목표

목표	수업 내용	평가 방법	평가 방법	비고
	1학기			
	2학기			
말하는 이의 의도와 목적, 표현 및 근거의 적절성을 파악하며 듣기	1. 토론에 진지하게 참여하기 2. 토론 결과 정리하기 3. '어린왕자'를 듣고 내용 파악하기 4. '연어'를 듣고 내용 파악하기	관찰 논술	연중 5월 3주	
	1. '너도 하늘말나리야'를 들으며 표현과 행동의 적절성 파악하기 2. '마당을 나온 암탉'을 듣고 작가의 의도 찾기	논술	10월 1주 9월 2주	

평가 기준

평가 항목	평가 범주	평가 관점	평가 결과
문제 파악 능력	논점 파악	무엇을 묻는 문제인지 정확히 파악하였는가?	WG VG G
분석 능력	사건의 주요 내용	각 사건의 주요 내용을 분석하여 공통점을 찾아내는가?	WG VG G
감수 능력	공감	사건 속 인물의 마음과 생각을 공감할 수 있는가?	WG VG G
가치 구성 능력	적용	사건 속 인물의 마음을 자신의 삶 속에 반영시킬 수 있는가?	WG VG G

2. 아래 사건을 잘 읽어 보고 사건의 공통점과 그 사건이 나에게 미친 영향을 쓰세요.

4.19혁명

1960년 3월 15일 치러진 대통령 선거에 부정한 방법이 동원되자 선거 무효와 이승만 전 대통령의 하야를 요구하는 시위가 일어났다.

3월 16일부터 진행된 크고 작은 시위는 시간이 갈수록 늘어 갔고 시위를 진압하고자 하는 경찰의 발포로 수백 명이 죽거나 다쳤다. 4월 19일에는 수십만 명이 시위에 참여하였고 이승만 대통령은 결국 부정선거의 책임을 지고 물러나게 되었다.

이 사건은 우리나라 역사에서 국민의 힘으로 대통령을 물러나게 한 유일한 사건이었으며 우리 역사에서 민주주의가 발전하는 데 큰 역할을 하였다. 민주주의가 시작된 지 불과 15년 만에 대한민국의 주권은 국민에게 있음을 보여 준 사건이었다.

－자료 참고 : 위키백과사전

> **한성여중 2학년생 진영숙 양의 편지**
> 시간이 없는 관계로 어머님 뵙지 못하고 떠납니다. 어머님, 데모에 나간 저를 책하지 마시옵소서. 우리들이 아니면 누가 데모를 하겠습니까. 저는 아직 철없는 줄 압니다. 그러나 국가와 민족을 위하는 길이 어떻다는 것을 알고 있습니다. 어머님, 저를 사랑하시는 마음으로 무척 비통하게 생각하시겠지마는 온 겨레의 앞날과 민족의 해방을 위하여 기뻐해 주세요. (그는 총에 맞아 죽기 4시간 전에 어머니에게 이 편지를 썼다.)

5.18광주민주화운동

1979년 박정희 전 대통령이 죽자 12월 12일 전두환 전 대통령이 군대를 앞세워 쿠데타를 일으켰다. 1980년 5월 17일에는 간접선거에 의해 자신이 대통령이 되었다. 정당하게 권력을 잡지 못하였기 때문에 국회의 활동, 언론과 표현의 자유를 억압하였다.

전두환 전 대통령이 옳지 않은 방법으로 권력을 잡는 것을 반대하는 시위가 전국적으로 일어났으며 그중 광주의 반대가 가장 심했다.

이를 진압하기 위하여 국토를 지키기 위해 노력해야 할 군인을 투입하여 시위를 진압하게 하였다. 시위를 포기하지 않자 총과 탱크를 이용하여 진압하게 되었고 그 과정에서 수백 명의 학생과 시민이 죽게 되었다. 많은 목숨을 잃었던 이 시위는 우리나라의 민주주의를 자리 잡게 하는 데 커다란 역할을 하였다.

-자료 참고 : 5.18재단 홈페이지

6.29민주화선언

1980년 5월 17일 군사 정변으로 대통령이 된 전두환 대통령은 국회와 법원의 권력을 약화시키면서 나라를 운영하는 데 필요한 모든 권력을 갖게 됩니다. 대통령을 선출하는 것도 국민이 하지 않게 하였지요. 7년이 지난 1987년 전두환 대통령은 대통령직을 노태우 전 대통령에게 넘기려 합니다. 또, 민주화 운동을 하는 대학생을 고문하다가 죽게 만드는 일이 생겼지요. 이에 대학생, 시민, 학자들은 우리나라의 민주화를 요구하는 시위를 하게 됩니다.

그 과정에서 시위를 진압하는 경찰에 의해 학생 여섯 명이 목숨을 잃거나 심하게 다치게 되었고, 시위는 더욱 거세졌습니다. 결국 노태우 전 대통령은 대통령을 국민이 뽑게 하고 국회의 활동을 보장한다는 등의 약속을 하게 됩니다.

-자료 참고 : 위키백과사전

평가 기준

평가 항목	평가 범주	평가 관점	평가 결과
문제 파악 능력	논점 파악	무엇을 묻는 문제인지 정확히 파악하였는가?	상 중 하
근거의 적절성	근거의 적절성	내 의견에 대한 근거, 이유가 적절히 제시되었는가?	상 중 하
논리 전개 능력	구성과 짜임	글이 짜임새를 갖추고 있는가?	상 중 하
독창적 사고 능력	내용의 독창성	주장이 참신하고 자신만의 생각이 담겨 있는가?	상 중 하
표현 능력	표현의 정확성	띄어쓰기, 맞춤법이 올바른가?	상 중 하

학교 자체 제작 통지표 양식-2학년 기재 예시

1. 교과 학습 발달 상황

교과	평가 영역	평가 주제	학생				교사			
			매우 잘함	잘함	보통	좀 더 노력	매우 잘함	잘함	보통	좀 더 노력
국어	듣기	설명하는 말을 듣고 무엇에 대한 설명인지 추측할 수 있다.			○			○		
	말하기	인물의 말을 실감나게 표현할 수 있다.		○				○		
	읽기	글의 분위기게 맞게 자연스럽게 소리내어 읽을 수 있다.			○		○			
	쓰기	주제를 정하여 겪은 일을 자세히 쓸 수 있다.		○			○			
	문학	이어질 내용을 상상하여 이야기를 꾸민다.		○				○		
	문법	글을 정확한 발음으로 읽을 수 있다.			○			○		
수학	수와 연산	받아올림과 받아내림이 있는 덧셈과 뺄셈을 할 수 있다.		○			○			
	도형	선분과 직선을 구분하고 도형의 이름을 알 수 있다.		○				○		
	측정	자를 이용해 길이를 잴 수 있다.	○				○			
	규칙성과 문제 해결	문장으로 된 문제를 식으로 나타낼 수 있다.	○				○			
바른 생활	내일 스스로 하기	자기 일을 스스로 계획하고 실천하기			○			○		
	다른 사람 생각하기	다른 사람 배려하는 생활 실천하기		○				○		
	질서 지키기	학교 규칙과 학급 규칙 지키기		○			○			
슬기로운 생활	살펴보기	자기가 사는 마을 지도 그리고 마을을 소개할 수 있다.			○		○			
	무리짓기	여러 소리를 기준에 따라 나눌 수 있다.			○		○			
	재어보기	키와 몸무게 재는 방법을 알 수 있다.			○			○		
즐거운 생활	놀이	방법과 규칙을 지키며 사이좋게 박놀이를 할 수 있다.		○				○		
	표현	노래를 부르며 박자에 맞게 리듬을 칠 수 있다.			○			○		
	감상 이해	음악의 변화에 따라 느낌의 변화를 말할 수 있다.			○			○		

2. 조현 교육과정 9형태 학습 상황

학습 형태		학생 의견
국어	국어	받아쓰기 할 때 100점을 받으려고 노력한다.
	수학	수학을 못하지만 재미있고 더욱 하고 싶다.
발전학습		비즈 공예는 구슬 끼기가 힘들지만 액세서리 만들고 누구한테 줄 수 있어 좋다.
통합학습		통합학습은 많이 가진 않았지만 더욱 재밌고 기쁘다.
창조학습		2학기 진행
생태학습		고구마 심을 때 고구마가 쑥쑥 자랐으면 해서 학교 끝나고 고구마 보면 기분이 좋다.
문화예술학습	디자인	디자인 수업할 때 에펠탑 보고 깜짝 놀랐다. 그래서 나도 크면 프랑스 가서 에펠탑을 직접 볼 거다.
	무용	무용 첫 시간에 춤출 때 내가 마치 날아간 것 같다.
	연극	
	뮤지컬	
어울마당		어울마당 9월 생일 했으면 좋겠다.
동아리		애미메이션 할 때 내가 마치 애니메이션 주인공 같았다.
다지기학습	리코더	리코더 할 때 내가 낮은 도가 잘 안 돼서 연습하고 있다.
	제기차기	제기차기가 어려워 어떡해야 할지 고민한다.
교사 의견		문화예술 학습 활동에서 친구를 배려하고 협력적인 태고로 학습하는 모습이 사랑스러운 어린이입니다. 무용 수업에 중간부터 참여했지만 적극적으로 수업에 참여하였으며 친구들의 의견을 존중하는 모습을 볼 수 있었습니다.

3. 학교생활 자기평가

영역	내용	자기 평가		
		거의 그렇다	가끔 그렇다	그렇지 않다
학습	발표와 질문을 자주 한다			○
	친구들과 협력하여 공부한다		○	
	공부 시간에 집중을 잘 한다		○	
생활	학교 규칙을 잘 지킨다		○	
	친구들과 사이좋게 지낸다	○		
	예의바르고 즐겁게 생활한다		○	
소질과 특기	내 소질과 특기가 무엇인지 안다	○		
	소질, 재능을 키우려고 노력한다	○		
독서	학습 도서를 꾸준히 읽는다		○	
	책 읽기가 재미있다	○		

4. 특기 적성 활동 상황

부서	활동 내용	학생			강사			
		잘함	보통	노력	잘함	보통	노력	의견
판화	수업 준비 및 태도			○	○			매우 열심히 합니다. 섬세한 표현을 하기 바라며 많은 작품 감상을 하기 바랍니다.
	과제 해결 및 노력		○		○			
	발전 정도			○	○			
멘사 셀렉트	수업 준비 및 태도					○		항상 바른 자세로 얌전히 수업을 하고 있습니다. 게임룰 설명도 열심히 듣고 게임에서도 최선을 다하려고 많이 노력합니다. 특히 문제 풀이 과정을 적을 때 아주 열심히 적는 편입니다. 그러나 좀 더 정확하고 간결하게 적는 연습이 필요합니다.
	과제 해결 및 노력					○		
	발전 정도					○		

5. 교사 종합 의견

맡은 일을 책임감 있고 성실하게 하며 주어진 과제를 성실하게 해결하려는 태도가 돋보입니다. 모둠 활동이나 짝 활동에서 친구들과 협력하며 즐겁게 학습에 임합니다. 여러 학습 활동에 수용적이고 성실한 태도로 즐겁게 참여하여 학습 결과가 좋은 어린이입니다. 점심 식사 시간에 배가 자주 아프다고 하여 걱정이 됩니다.

꿈을 가꾸는 '진로교육'

왜 하는가?

교육혁신위원회에서 발간한 〈교육과정 현대화 방안〉에서는 중등교육과정에 진로교육을 전면 도입해야 하는 필요성을 다음과 같이 지적하고 있다.

'지식기반사회에서는 한 사람이 평생 한 가지 직업만 가지고 살 수 있는 게 아니라 여러 직업을 가지고 산다. 그렇기 때문에 산업사회의 직업교육 개념은 지식기반사회에서는 더 이상 통용될 수 없다. 지식기반사회에서는 직업교육 개념 대신에 직업과 관련되는 인생 행로 전반을 준비하는 진로교육 개념이 쓰일 수밖에 없다. 진로교육은 직업교육처럼 제한되고 고정된 기능의 습득 과정이거나 기능적 성격을 갖는 게 아니다. 진로교육은 어떻게 보면 지식기반사회를 살아갈 아이들에게 지식의 목적을 주는 원리이며 그럼으로써 지식을 수동적으로 익히는 것을 넘어 습득한 지식을 구성하여 새로운 지식을 창출하도록 능동화하는 방법이기도 하다.'

이 글은 변화된 사회와 아이들에 적합한 교육으로서 진로교육의 중요성을 지적하고 있는 것만이 아니다. 중등교육이 국, 영, 수 중심의 획일적인 입시 교육에 치우치는 바람에 아이들 미래의 삶 문제를 학교에서 다루는 것이 소홀하여 학교교육 내용과 아이들 삶이 불일치하는 것을 해소하는 것이기도 하다.

우리 학교의 진로교육은 크게 두 가지로 ① 학년마다 진로 적성 검사를 하여 누가 기록을 하고 ② 진로 초청 강연을 실시하는 것이다.

진로 적성 검사는 학생들의 객관적인 진로 상담 자료를 확보하여 교사와 학부모에게 학생의 적성을 살펴보는 기회를 주고 학생에게는 스스로 학습 목표를 설정하는 기회를 제공한다. 전학년을 대상으로 실시하며 검사 결과에 대해 담임교사는 반드시 학부모와 학생과 진로 상담을 한다. 적성 검사 결과는 절대적인 것이 아니므로 학생의 흥미나 특기 등을 고려하여 지도한다. 진로 초청 강연은 학생들이 좋아하는 진로 관련 강사를 초청하여 학생들에게 진로에 대한 꿈을 가꾸는 계기를 주고자 실시한다.

어떤 내용인가?

학년별 진로 적성 검사

학년	검사 종류	검사 내용
1	인성 검사	언어, 운동, 과잉 행동, 가족 관계, 사회성 등
2	다중 지능 검사	언어 지능, 논리·수학적 지능, 공간적 지능, 신체적 지능, 음악적 지능, 대인 관계 지능, 자연 친화 지능 등
3	학생 유형 검사	외향형, 실제형, 사고형, 조직형
4	MLST 학습 전략 검사	성격, 정서, 동기, 행동적 차원
5	창의성 검사	내재적 동기, 상상력과 관심, 호기심, 창의력 등
6	진로 발달 검사	진로 지향성, 진로의 이해, 진로 선택의 합리성, 자기 이해 등

● 진로 초청 강연
  1. 대상 : 전교생
  2. 시기 : 6, 10월(연중 2회)
  3. 방침 : 각 분야의 전문가를 초청하여 강연회를 개최하며 지역 인사를 최
       대한 활용한다.

삶을 살찌우는 '독서교육'

왜 하는가?

한국교육개발원이 작성한 2002년 보고서에는 우리나라 고등학교 상위 10%에 드는 학생들의 특징을 다음과 같이 정리하고 있다. ① 어려서부터 독서를 좋아한다. ② 공부는 스스로 자기주도적으로 한다. ③ 학원보다는 집이나 도서관에서 혼자 조용히 공부하는 것이 좋다. ④ 공부하는 것이 매우 즐겁다. ⑤ 문학 작품 읽기와 신문 읽기를 즐긴다. 이 내용을 보면 독서가 학력에 미치는 영향을 짐작할 수 있다.

또 미국 버클리 대학 심리학연구소의 '세계적으로 성공한 600명의 연구'에 따르면 성공한 사람의 5가지 특징을 ① 강한 집중력 ② 살아있는 감성 ③ 창의적 사고 ④ 정직한 품성 ⑤ 풍부한 독서력이었다고 한다. 'A Reader is a leader'라는 말이 있듯이 독서는 자기주도적 학습 능력을 길러주고, 생각하는 능력, 세상을 읽는 능력을 길러준다.

어떤 내용인가?

독서교육

추진 계획	세부 계획	대상	담당자
도서실 운영	독서교육연구회 조직 및 운영	전교사	담당자
	학교 도서실 운영	전교생	담임
	자료 구입 및 운영	전교생	담당자
	어린이 사서 운영	전교생	담당자
	어머니 사서 운영	학부모	담당자
독서교육	월별 도서관 이벤트	1~6학년	담당자
	아침 독서 운동	전교생	담당자
	책 읽어 주는 이야기 방	전교생	담당자
	동화 구연	전교생	담당자
	작가와의 만남	전교생	담당자
	수요 영화 상영	전교생	담당자

● 작가와의 만남
   1. 1~2학년, 3~4학년, 5~6학년으로 나눠 연 2회 실시함
   2. 문학 감수성을 신장시키기 위하여 실시함
   3. 작가의 대표적인 작품을 한 달 전에 구입하여 돌려 읽고 관련 교과 시간
      에 수업을 진행하며 작품을 깊이 탐색하도록 함

〈시리동동 거미동동〉의 작가 권윤덕 선생님과 이야기를 나눈 후 책에 사인을 받고 있는
1학년들

〈거짓말 학교〉의 작가 전성희 선생님과 만나 이야기를 나누고 있는 6학년 학생들

〈엄마의 거짓말〉 작가 박철수 선생님과 만나 이야기를 듣고 있는 4학년 학생들

자존감을 길러 주는 '마음 교실'

왜 하는가?

아이들의 학력이나 생활의 문제는 아이를 둘러싼 환경과 밀접한
관련이 있다. 낮은 학력이나 생활의 문제는 아이들의 환경에서 받은
심리적 요인이 크게 작용한다. 아이들 학력과 생활태도를 바로 잡기
위해서는 부정적인 환경에서 오는 심리적 스트레스를 해소하는 것이
중요하다.

그래서 우리 학교에서는 학력이 낮은 학생이나 생활지도가 필요한
학생을 대상으로 미술 심리 치료를 별도로 실시하고 있다. 이 심리
치료를 통해 내면에 있는 감정을 자유롭게 표출하는 동시에 감정을
재경험하고 자기를 인식하며 수용하는 과정에서 자기 통찰 및 자발
성을 향상시키고, 적극적인 학교생활에 참여하도록 돕는다.

미술 활동을 통해서 아이들의 심리를 진단하고, 문제점을 해결하
고, 자존감을 향상시키는 데 목적이 있다. 자존감이 높은 아이로 기
르기 위해서는 '하고 싶은 것을 최대한 하게 하는 것'과 '틀려도 개입
하지 않는 것', '새로운 경험의 기회를 제공하는 것'이 필요하다.

이를 통한 '성공의 경험'은 뇌에서 사람의 기분, 쾌감, 의욕, 학습
과 기억을 전달하는 신경 신호 전달 물질인 '도파민'을 발생시킨다
고 한다.

우리 학교에서는 담임교사가 추천한 학생을 대상으로 진단검사를
실시하고, 진단검사 결과를 검토한 후 학부모와 상담을 하여 대상 학
생을 선정한다. 학급 담임 및 학부모와 전문 강사가 주기적으로 상담

을 하여 학생 지도를 지원하고 협력할 수 있게 한다.

이 프로그램은 방과 후에 실시하며 프로그램 운영 성과를 높이기 위해 적은 수의 학생으로 학급을 구성하여 운영하고 있다.

어떤 내용인가?

차시	주제	목적	방법
1	자기소개 및 자랑거리	긴장감 완화 및 친밀감 형성 자신의 긍정적인 면을 인식할 수 있다.	애칭 정하고 이름표 만들기 손가락 본뜨기 사전 검사 실시(HP)
2	비 오는 날 우리 가족	마음 속의 불안 정도를 알아볼 수 있다.	비 오는 모습과 생각을 나눠 보고 그림을 그린다. 진단 검사 실시(kfd) - 어항 가족화
3	즐거운 학교생활	교우 관계, 교사와의 친밀도, 학교생활에 대한 흥미와 문제점을 알아본다.	학교생활을 그림 그린다. 설명을 글로 적어 본다. 서로 피드백을 한다.
4	함께 그리기	친구와의 협동력을 격려하여 마음을 나누는 경험을 할 수 있다.	동그라미 속에 자유롭게 그린다. 그림을 바꿔 가며, 더 그려주고 싶은 것을 그려준다.
5	요즘의 나	자화상 자소상을 통해 내적 상태를 알 수 있다.	찰흙을 마음껏 탐색한 후, 현재의 모습을 표현해 본다. 인물이 어려우면 사물로 표현한다.
6	동물 가족화 (가족 나무)	가족의 특성 및 역동성을 알 수 있다.	커다란 나무를 그리고 가족들을 나무의 역할에 비유하여 표현해본다. 그리고 동물로도 나타내본다.
7	찰흙 가족	가족 관계를 알아보고 재배치함으로써 희망적 가족 관계를 알 수 있다.	묽은 흙풀을 준비해 붓으로 그려본다. 맘에 들지 않으면 다시 문지르고 다시 그리는 활동을 할 수 있다(이때는 붓의 뒷면으로).
8	우리 집 평면도	가족 내에서 나의 비중이 어느 정도인지 인식할 수 있다.	면 분할과 색상의 선택을 통해 표현한다.
9	선물 만들기	부모에게 받고 싶은 선물과 드리고 싶은 선물을 만들어보고 가족에 대한 사랑을 느낄 수 있다	다양한 재료를 준비하여 창의적으로 만들기를 한다.
10	색종이 접기 (khtp)	작품의 상징과 특징을 통해 불안 정도를 측정하고, 인지적 심리적 특성을 알아본다.	자신이 좋아하는 색종이를 종이접기하여 한정된 면에서 재배치해본다. 진단 검사 실시(khtp)

큰 꿈을 가꾸는 '국제 교류'

왜 하는가?

농촌의 작은 학교에 다니는 아이들은 거의 해마다 텔레비전을 통해 도농 간 소득 격차나 학력 격차에 대한 보도를 접하게 된다. 그런 보도를 접하고 아이들은 농촌에 태어나거나 농촌에 사는 부모를 둔 자신에 대해 어떤 생각을 가질까? 농촌 아이들의 자존감은 낮아질 수밖에 없을 것이다.

비록 산으로 둘러싸여 꽉 막힌 농촌에 살지만 국제 교류를 통해 마음만은 활짝 열리길 기대한다. 중국 소학교의 학생들과 만나 공동 학습을 하고 역사 문화 답사, 어학연수, 상호 방문 등 다양한 교류 활동을 하면서 체험과 사고의 폭을 넓힐 수 있다.

작은 학교에서 큰 꿈을 키우는 국제 교류 활동으로 학생들에게 자신감을 심어주고 다양한 진로 선택의 기회를 준다.

또 서로 언어, 문화가 다른 국가, 민족의 이해를 통해 지구촌에서 더 나은 삶을 위한 공존의 지혜를 배운다.

어떤 내용인가?

● 자매결연 대상 학교
  1. 자매학교명 : 중국 산동성 제남시 '양광100소학陽光100小學'
  2. 학교장 : 사준史俊
  3. 학교 연혁 : 2006년 개교(산동사범대학 실험학교)

● 교류 사업 내용
  1. 6학년의 통합학습 일환으로 진행
  2. 주요 교류 활동은 공동 학습 및 중국 문화 역사 탐방 활동

통합학습－국제 교류 학습 일정표

날짜	시간	활동 내용	숙소
5월 6일 (목)	12:05	공항 도착	산동 재정대학
	14:00	숙소 도착	
	15:00~17:00	산동성 박물관 탐방	
	18:30	저녁	
	22:00	휴식	
5월 7일 (금)	06:30	기상	산동 재정대학
	07:00	아침	
	08:00	양광100소학 방문	
	08:30~11:30	한중 학생 교류	
	12:00	점심	
	13:00~14:00	교사 세미나	
	14:30~15:30	한중 학생 교류	
	15:30~17:00	제남 문화 탐방(황허강)	
	18:00	저녁	
	19:30~21:00	제남 문화 탐방(천성광장 야경)	
	23:00	휴식	
5월 8일 (토)	06:00	기상	산동 재정대학
	06:30	아침	
	07:00	공자 유적지로 이동	
	10:00~12:00	공자 유적지 탐방	
	12:10	점심	
	13:00	태산으로 이동	
	15:30~17:30	태산 문화 탐방	
	18:00	제남으로 이동	
	19:30	저녁	
	22:00	휴식	
5월 9일 (일)	05:30	기상	
	06:00	아침	
	06:30	공항으로 이동 / 08:20 출국	

● 2010년 국제 교류 활동
  1. 6학년을 대상으로 자매학교인 양광100소학 학교와 교류 활동을 실시함
  2. 중국 문화 탐방, 양국 학생과 교사 교류 활동, 사회와 경제 체험으로 진행
  3. 6학년 스물세 명 중 스물두 명이 교류 활동에 참여함(한 명은 가족 일정
     상 불참)

자매학교 교류 일정표

시간	활동 내용	비고
08:00~09:15	학교 참관, 환영식	학교장, 학생 대표 인사(양교)
09:15~09:55	중국 교사 수업-영어	6학년 과정
08:55~10:00	눈 체조	6학년 과정(실내)
10:05~10:45	중국 교사 수업-음악	非6학년 과정
10:55~11:30	중국 교사 수업-체육	전통 체육 놀이
11:30~13:00	오찬, 휴식	
13:00~14:00	교사 간담회	
14:30~15:30	조현 교사 수업-미술	
15:30~16:00	기념품 교환	
16:00~	기념 촬영 및 환송	

양국 학생 공동 수업-영어 양국 학생이 영어를 함께 공부하면서 교류하고 있다.

양국 학생 공동 수업-미술 양국 학생이 솟대 만들기를 하면서 교류하고 있다.

양국 학생 기념품 교환 짧은 만남이지만 기념품을 교환하고 기념사진을 찍었다.

양국 교사 교류 두 나라의 교육에 대해 서로 질의하면서 의견을 나누었다.

중국의 역사 탐방 공자 유적지를 탐방하면서 중국의 문화를 찾아보았다.

중국의 자연 탐방 인류 문명의 발상지인 태산과 황허강을 찾아 발을 담갔다.

또 하나의 교과서 '학습 도서'

왜 하는가?

학년별로 교과 학습과 관련된 도서 20~30권을 학급에 비치하여 수업에 활용하고 있다. 학년별로 필요한 도서는 담임교사가 선정하는데, 같은 책을 다섯 권 정도 비치하여 학습 전에 아이들이 돌려 읽는 데 큰 불편이 없도록 했다.

활용 방법은 예를 들어 음악 교과의 학습 도서로 베토벤 전기가 있다면 베토벤을 공부하기 전에 아이들이 미리 책을 읽게 한 다음 수업을 한다. 이럴 경우 ① 아이들이 베토벤 전기를 읽어서 베토벤의 삶이나 음악 세계에 대해 어느 정도 이해를 하고 있어 교과서 내용보다 더 넓고 깊은 내용을 학습할 수 있게 된다. ② 토론식 수업이나 역할극 등 다양한 학습 방법을 도입할 수 있다. ③ 학습 교재를 다양화하여 아이들에게 학습의 흥미를 줄 수 있다.

우리 초등학교 교과서는 모두 국정 교과서로 되어 있어서 전국의 모든 아이들이 같은 내용을 학습하게 된다. 물론 교사가 재구성하여 가르치면 되지만 모든 교과를 그렇게 할 여유가 없어 어렵다.

요즘 아이들의 교과서에 대한 인식은 기성세대와 달리 교과서의 권위를 그리 대수롭게 생각하지 않는 편이다. 고정불변의 지식은 없다는 구성주의적 관점에서 봐도 그렇고, 인터넷에는 수많은 정보가 다양하게 올라오기 때문이기도 하다.

이런 아이들을 위한 교재를 다양화하여 학습 흥미를 높이고, 다양한 방법으로 수업하기 위해 학습 도서를 활용한다.

어떤 내용인가?

2학년 1학기 학습 도서 목록

차례	교과	관련 단원	관련 단원	학습 도서명
1	국어	첫째 마당 2학년이 되어	시와 글을 읽고 느낌이나 생각을 표현할 수 있다.	자장가
2	국어	둘째 마당 찾아서 배우는 우리	글을 읽고 알게 된 사실을 말할 수 있다.	폭풍을 불러온 나비
3	국어	넷째 마당 서로 다른 생각	글을 읽고 대강의 내용을 간추릴 수 있다.	생각하는 사과나무
4	국어	다섯째 마당 꿈을 가꾸는 동산	이야기를 읽고 이어질 내용을 재미있게 꾸며 쓸 수 있다.	거꾸로 임금님
5	슬기로운 생활	2. 살기 좋은 우리 집	우리가 살고 있는 집들의 같은 점과 다른 점을 찾아보고 집의 구조를 알 수 있다.	집은 다 다르고 특별해
6	슬기로운 생활	4. 빛과 그림자	빛과 우리 생활의 관계를 통하여 낮과 밤의 차이점을 이해할 수 있다.	세상의 낮과 밤
7	슬기로운 생활	5. 내가 만든 장난감	물의 쓰임새와 소중한 자원임을 알고 아껴 쓰는 태도를 갖는다.	물의 여행
8	수학	2. 두 자릿수의 덧셈과 뺄셈(1)	여러 가지 방법으로 덧셈과 뺄셈을 할 수 있다	2학년 눈높이 수학 학습 동화
9	수학	3. 도형과 도형 움직임	여러 가지 방법으로 덧셈과 뺄셈을 할 수 있다.	빨간 모자 (수학그림동화2)
10	바른 생활	5. 바른 말 고운 말	친구와 바르고 단정한 말로 대화를 나누어야 하는 까닭을 알고 바르고 고운 말을 사용하여 대화할 수 있다.	루이즈는 나쁜 말을 해요

6학년 학습 도서 목록

번호	책 제목	출판사 / 지은이	관련 교과 / 영역	학습 내용
1	열두 살에 처음 만난 정치	주니어 김영사 / 신재일	사회 / 정치	6-2-1 우리나라의 민주 정치
2	초등학생들이 가장 알고 싶어 하는 직업 이야기	홍진P&M / 송재록	실과 / 진로	1. 일과 직업의 세계
3	그림으로 만난 세계의 미술가들	아이세움 / 최석태	미술 / 인물	12. 현대 미술
4	한눈에 반한 서양 미술관	거인 / 장세현	미술 / 감상	11. 전시회
5	재미있는 동물 이야기	가나출판사 / 황보연	과학 / 생명	6-1-(5) 주변의 생물
19	한국 생활사 박물관	사계절 / 생활사 박물관편찬위원회	사회 / 역사	1학기 전 단원
20	연어	문학동네 / 안도현	국어	6-1-첫째 마당

배움과 나눔의 즐거움, '배움 캠프, 나눔 캠프'

왜 하는가?

우리 학교 주요 학습 형태인 교육과정 9형태는 거의 활동 중심으로 구성되어있다. 문화예술학습, 생태학습, 통합학습, 어울마당, 동아리 등이 그것이다. 활동 중심의 수업은 기존의 강의식 수업보다는 아이들에게 학습의 효과나 성취도가 높은 것은 당연한 것이다.

배움 캠프나 나눔 캠프 역시 활동 중심으로 진행된다. 배움 캠프의 내용은 수영, 스키, 독서, 영어 캠프가 있다. 주로 계절운동과 방학 중 캠프 활동이다. 나눔 캠프에는 3~6학년 대상 2박 3일의 수련 활동, 학생회 리더십 캠프가 주요 내용으로 공동체 학습 중심으로 되어있다. 이 캠프들은 모두 교육과정에 포함하여 운영되며 활동 중심의 학습을 통해 관련 교과의 학습 효과를 높이고, 다양한 활동을 통해 자신을 표현하고 서로를 이해하여 공동체 의식을 갖도록 운영하고 있다.

어떤 내용인가?

2010년도 여름방학 독서 캠프 계획

운영 기간	2010년 7월 22일(목)~7월 23일(금) 09:00~12:30		
담당 교사	김해련	장소	조현 꿈나무 도서실
운영 대상 학년	1~6학년	인원 수	84명

날짜		활동	
7/22		주제:우리는 모두 소중해요	
	08:50~09:20	물꼬 트기("너는 특별하단다" 영화 보기)	
	09:20~09:40	캠프 설명, 몸 풀기(캠프 설명 및 인권에 관한 ○, ×퀴즈)	
	09:50~11:20	우리는 모두 소중해요 / 우리에게 사랑을 주세요	
		1학년	사진을 이용한 글자 만들기(모, 두)
		2, 3학년	'**은 소중해요 **에게 사랑을 주세요'란 제목으로 롤링페이퍼 만들고 글자 완성하기(소, 중)
		4, 5, 6학년	인권에 대해 의견 나누기, 조현 인권 선언문 만들기
	11:30~12:10	학년별 주제 결과 발표하기	
7/23		주제:화야, 그만 화 풀어	
	08:50~09:20	물꼬 트기(슬라이드 책 읽어 주기)	
	09:20~09:40	몸 풀기(날 따라 해 봐요~ 이렇게~)	
	09:50~11:00	"친구들 모두 잃어버리는 방법" 나누고 책 만들기(북아트)	
	11:00~12:00	신나게 감정 풀기(송연옥 연극치료연구소)	
	12:00~12:10	캠프 마무리	
상시활동		감정 나무 만들기(느낀 점 달아 주기)	
도서실 전시 활동:임어진, 박철구, 전성희 작가의 책 전시 인권, 권리, 감정 도서 전시			

나를 표현해요, '다양한 학급 대회'

왜 하는가?

우리 학교의 다양한 학급 대회의 특징은 교육과정에 포함하여 수행평가 일환으로 진행된다는 점, 학교 대회는 거의 없고 학년 중심으로 각종 대회를 가신다는 점, 모든 학생의 개성과 상섬을 발굴, 격려하는 대회라는 점이다.

시상을 위한 행사 중심의 대회가 아니라 모든 아이들의 개성을 살리고 수월성을 위해 운영한다. 기존의 교과 평가, 글쓰기, 그리기 등이 중심이 된 행사에서는 한 학년 동안 자기를 드러낼 수 있는 기회가 전혀 없는 아이들도 있다. 이런 경우가 생기지 않도록 한 학생을 염두에 둔 대회도 학년별로 열릴 수 있다.

대회를 통해 결과보다 함께 즐기고 서로를 칭찬하고 격려하는 분위기를 만들며 학급 아이들 모두에게 자신의 장점이나 잠재 능력을 발휘할 기회를 주는 것을 목적으로 하며 수행평가의 방법이나 질도 높일 수 있도록 한다.

공기놀이 대회와 제기차기 대회

어떤 내용인가?

학급별 대회의 보기

학년	대화명	시기	방법	비고
1학년	그림 그리기 대회	5월	주제 표현하기	
	꾀꼬리 노래 대회	6월	분위기 살려 노래 부르기	
	장난감 만들기 대회	9월	창의성 살려 만들기	
	훈민정음 쓰기 대회	10월	바른 글씨 쓰기	
	리코더 연주 대회	11월	바른 운지법과 호흡법으로 연주하기	
	제기차기 대회	11월	다지기학습 기능 익혀 능숙하게 차기	
	예쁜 마음 실천 대회	12월	스스로 봉사하는 생활 실천하기	
2학년	동요 부르기 대회	6월	아름다운 동요 느낌 살려 부르기	
	친구 얼굴 그리기 대회	3월	학급 친구 얼굴 그리기	
	구구단 암송 대회	11월	구구단 외우기	
	책 만들기 대회	6월	들꽃 관찰하고 미니북 만들기	
	칭찬 말하기 대회	5월	친구를 소개하고 칭찬하는 말하기	
	동시 암송 대회	10월	동시와 자작시 분위기 살려 암송하기	
	아름다운 집 그리기 대회	5월	세상에 하나뿐인 집 그리기	
	인형 만들기 대회	5월	인형 만들어 인형극하기	
3학년	시 낭송 대회	4월	느낌 살려 시 낭송하기	
	비행기 만들기 대회	6월	풍선 비행기 멀리 날리기	
	인터뷰 왕 뽑기 대회	6월	이웃 사람 인터뷰하고 보고서 작성	
	소개하는 글쓰기 대회	7월	존경하는 위인 소개하는 글쓰기	
	나도 작사가 대회	9월	노랫말 창작하여 부르기	
	발명왕 선발 대회	11월	움직이는 장난감 창의적으로 만들기	

학생이 만들어 가는 '학교 행사'

왜 하는가?

입학식, 졸업식, 운동회 등과 같은 주요 학교 행사는 주로 학교에서 일방적으로 기획하여 운영하는 것이 보통이다. '학생 중심으로 만들어 가는 교육과정'이란 말을 많이 한다. 여기서 학생 중심이란 말은 학생의 요구 중심, 학생의 주도적인 참여, 학생의 기획 참여, 학생 활동 중심을 모두 포함하는 말이다.

그런 관점에서 입학식이라면 입학식 기획에 학생이 참여하고, 신입생이나 재학생이 참여하는 프로그램 혹은 학생이 진행하는 입학식이 되어야 한다. 그래서 단순한 학교의 의례적인 행사로 되는 것이 아니라 아이들 교육 활동의 공간이 되도록 하는 것이다.

어떤 내용인가?

2009년 2월 졸업식 내용

---

1. 식전 음악_가벼운 피아노 곡 재생

2. 졸업생, 학부모 입장 안내_졸업가 반주 음악 재생

3. 개회사 및 국민의례

4. 학교장 회고사
   · 학교장 회고사
   · 학교 단체장 축사 동영상

---

5. 졸업장 및 상장 수여(각종 상 동시 수여)
   · 졸업장:교장 선생님 수여, 졸업장과 함께 학부모님께 책과 꽃을
       함께 수여
   · 외부상:관련 인사나 교감 선생님 수여, 상장은 졸업생, 부상은 학
       부모가 수상
   · 학교장상:담임 수여
   · 장학 증서:관련 인사 수여
   · 동문 선물 증정
   · 스크린에 학생 개개인을 소개하는 파워포인트 영상 제시, 각 개인
     별 두 장의 슬라이드 제시, 수여가 끝나면 기념 촬영(개인별 소요
     예상 시간 1분, 총 16~20분 소요)

6. 졸업생 기념 동영상
   · 어린 시절의 모습
   · 저학년 시절
   · 6학년 주요 활동 사진
   · 감사 인사
   * 동영상이 끝나면 졸업생은 모두 일어서 무대 양쪽으로 올라간다.

7. 공연과 편지 읽기
   · 카니발의 〈거위의 꿈〉에 맞춰 편지 읽기, 합창하기
   · 담임이 보내는 편지 읽기

8. 졸업가_015B 〈이젠 안녕〉
   · 부분별 노래하기에서 제창으로 진행
   · 간주 부분에 5학년 아이들의 장미꽃 증정

9. 교가 제창

10. 졸업생 퇴장

11. 폐회사

도농 격차 해소와 지역사회에 기여하는 학교

도농 격차 해소 방안

도농 격차를 극복하기 위한 우리 학교의 방안은 다음 세 가지로 정리할 수 있다.

첫째, 소득 격차 때문에 학습 기회를 얻지 못하는 일은 없도록 하는 것이다. 그래서 급식비는 물론 여러 교육 활동에 필요한 경비를 학교 예산으로 운영하고 있다.

학생들에게 다양한 학습 경험을 제공하기 위해 학부모에게 부담을 주지 않고 운영하는 프로그램은 통합학습(학년당 연간 네 차례 체험형으로 진행), 수련 활동(3학년 이상 2박 3일의 활동), 각종 캠프 활동, 문화예술 공연, 야간 보육실 운영 등이다. 그리고 교육과정 운영과 관련하여 다양한 학습 형태 운영을 위해 외부 전문 강사를 초빙한다.

둘째, 뒤떨어지는 아이들이 없도록 학교가 지원을 하는 것인데 부진아와 특별 보충 지도 강사를 두는 것과 아이들의 심리 치료를 위해 별도의 강사를 운영하는 것이다.

농촌 아이들의 학력 부진을 막기 위해 부진아 지도 강사, 특별 보충학습 지도 강사, 학습 심리 지도 강사를 별도로 두어서 체계적이고 철저한 보살핌이 되도록 운영하고 있다.

셋째, 교육 복지를 강화하는 것으로 야간 보육실 운영, 아이들을 위한 시설이나 각종 심리 검사를 학교 예산으로 지원하는 일이다.

학생들의 복지를 위하여 야간 21시까지 '꿈나무 안심 학교'를 운영하고, 특별한 경우-경제적 여유가 있는 맞벌이 가정-가 아니면 모두 무상으로 운영하고 있다. 프로그램은 주로 정서 안정과 건강 및 체험, 특기 신장 교육을 중심으로 하고 있다.

꿈나무 안심 학교운영계획서

	세부 목표	프로그램명	프로그램 내용	시행 시기	시행 횟수
프 로 그 램 운 영 현 황	보호 프로그램 아동의 신체적 정서적 건강과 안전 도모	안전 지도	주제 표현하기	연중	주 1회
		급간식 지도	올바른 식습관 지도, 균형 잡힌 영양 섭취	연중	주 1회
		건강 및 질병 관리	건강 검진 및 영양 교육 보건소 연계 예방접종	3, 4, 10월	연 3회
		위생 지도	구강 위생, 세면장, 화장실 사용 지도		주 1회
	교육 프로그램 아동 수준별 개별 학습 제도 -담임제	학습 지도	전문 강사를 활용한 개별 학습 지도 수학 : 학년별 수준별 학습 지도 영어 : 놀이식 수업과 회화 위주 원어민 수업(주1)	연중	주 3회
		방학 특강 "Dream School"	여름방학, 겨울방학 중 운영 규칙적인 방학 시간 활용 특강 실시(요리 활동, 손뜨개, 컴퓨터 등)	방학 기간	60회
		독서 논술 및 예체능 특기 적성	학년별 독서 논술 지도 체육 활동(음악 줄넘기, 요가, 배드민턴) 음악 활동, 한자, 원예, 바둑, 미술 활동	연중	주 2회
		아동 상담	정시, 수시 상담	연중	수시
	복지 프로그램 아동과 아동의 부모 및 가족 전체의 안정적 이고 건전한 생활을 지원	사례 관리	집중 사례 관리 및 정기적인 상담 실시	1~12	12회
		부모 교육	부모 역량 개발 및 강화 부모 모임을 통해 아동을 이해하고 정보 교환	3, 9월	연 2회
		정서 지원 집단 P/G	자존감 향상 P/G 분노의 긍정적 발산과 자제력 향상 P/G	3~12	연 2회

프로그램 운영 현황		정서 지원 집단 P/G	자존감 향상 P/G 분노의 긍정적 발산과 자제력 향상 P/G	3~12	월 2회
		심리 검사	지역 연계 심리 검사 의뢰(애니어그램)	1~12	연 2회
		결연 후원	정기, 비정기, 긴급 지원	연중	수시
		가족 모임	가족이 함께하는 체험 활동 실시	10월	연 1회
		생일 잔치	생일 축하를 통한 자존감 향상, 레크리에이션	격월	연 6회
	문화 프로그램 체험 활동 프로그램을 통한 전인적 발달 도모	관계 형성 프로그램	긴밀한 관계 형성 조성, 타인에 대한 이해, 조별 모임 및 발표. 전통 놀이, 단체 운동	연중	월 1회
		동아리 활동	난타 동아리, UCC 영상 동아리, 나도 작가	방학	월 4회
		공연 관람	영화 및 연극 공연 관람 및 뮤지컬 관람	1~12	연 2회
		시즌 테마	눈썰매장, 송년 잔치 여름 캠프 독서 퀴즈, 어린이날	5, 7, 8, 12	연 1회
	지역사회 연계 프로그램 지역사회 자원 활용을 통한 아동 지원 체계 확대	지역 탐방	지역 내 관공서 및 유적지 탐사	방학	연 1회
		자원봉사자 모집 및 교육	비전과 꿈을 갖게 한다	1~12	연 1회
		자원봉사자 모집 및 교육	자원봉사자 모집 및 방과 후 보육 교실 소개 및 아동 지도 시 주의 사항 교육	연중	수시
		지역사회 자원 활용	지역 자원 활용(보건소, 소방서, 지역 유관 단체 활용), 심리 검사, 영양 식단, 영양 교육	연중	수시
	직원 역량 강화 프로그램 교육 및 연수를 통한 전문성 향상	운영위원회	운영 방향 사업 보고, 사업 운영에 대한 자문	3월	-
		직원 및 강사 회의	아동 관리 및 교육 방안 논의 및 평가	연중	주 1회
		직원 및 강사 교육	운영 방향 사업 보고, 사업 운영에 대한 자문	연중	12회
		직원 연수	아동복지 기관 방문	5월	연 1회

지역사회에 기여하는 학교

소통하기

학교와 학부모의 마음을 잇는 '전교생 가정 방문'

전교생에게 가정 방문 안내문을 보내고, 부모님이 원하는 날짜, 시간에 방문할 수 있도록 해서 100% 가정 방문이 이루어졌다. 가정 방문의 주요 목적은 학년 초 아이들의 가정 환경을 잘 파악하여 적절한 맞춤형 지도를 하고 부모나 아이들이 갖는 고민, 장단점을 이해하여 학생의 자존감을 향상시켜 주는 것이 무엇보다 중요하다는 인식을 같이하기 위해서였다.

부모님들은 담임교사와 협력하여 가정 지도에 더 관심을 갖게 되었고, 아이들은 자신에 대한 부모님과 학교와 담임선생님의 관심을 확인하게 되어 믿음을 갖게 되었다.

학교와 학부모의 신뢰의 끈을 잇는 '학교 자체 통지표' 개발 활용

조현초 학교생활통지표는 학생들의 학습, 생활, 특기 적성 활동 등 학교생활 전반에 걸친 내용을 담아 학부모에게 통지하였다. 생활통지표의 내용을 토대로 부모와 자녀가 다양한 대화를 할 수 있도록 하는 것이 주요 취지였다.

특히 학생의 '자기평가'를 통지표에 반영하여 자기 주도적인 학습력을 기르는 것은 물론 학습에서 학생의 흥미를 부모님이 파악하도록 했다. 4차례 통지되는 생활통지표―2010년부터는 세 차례로 축

소-를 매개로 해서 부모와 자녀가 대화하고, 담임교사는 학생에게 관심을 갖고 칭찬할 기회를 얻는다. 부모님들은 생활통지표를 통해 학교와 담임에 대한 신뢰를 갖게 되었다.

모두가 함께하는 '학부모 아카데미'

학부모 아카데미는 부모와 학생의 대화거리를 제공하고, 대화 내용과 방법이 효과적으로 이루어질 수 있도록 준비한 교육 강좌이다.

관심은 있으나 낮 시간에 열리는 강좌에 참석하지 못하는 분이나 아버지를 위해서 2008년 2학기부터는 저녁 모임(오후 7시~9시)으로 시간을 바꾸어서 참석하도록 했다. 설문 조사를 통해 학부모들이 우선적으로 요구하는 강좌 중심으로 진행했다.

소통을 위한 '다양한 학부모 프로그램' 개설

2008년부터 학부모 평생교육의 일환으로 자녀 교육 강좌, 중국어반, 생활 목공반, 한국화반, 야간 에어로빅반 등 다양한 강좌와 동호회 활동 프로그램을 마련하였다. 학부모가 원하는 취미, 생활 강좌와 다양한 교사-학부모 동호회 활동을 통해 소통의 기회를 마련하였다.

이 활동을 통하여 학교와 학부모 간 대화의 기회가 많아져 친밀감과 학교 활동에 대한 이해를 높이는 계기가 되었다.

'조현 동호회' 활동 보기

동호회 명	목적	추진 기간	운영 방법	대상	회원 수
마을 순례 (마라톤)	아동, 학부모, 교직원의 체력 향상과 내 고장 사랑 실천	3~5월	토요일과 일요일(3개월)	학부모 교직원	23명
조현산사랑	학교와 지역사회의 유대 강화와 경기도 지리 탐구	3. 1 ~ 2. 28	봄, 여름, 가을 (연 3회)	학부모 교직원	38명
텐핀의 마법 (볼링)	운동을 통한 마음 나누기	3~5월	여름, 겨울 (각각 2회)	학부모 교직원	48명
영화는 내 인생	영화 감상을 통한 감정 나누기	3~5월	영화관 방문	희망자	33명

지속성을 위한 '조현 교육 소위원회' 운영

우리 학교의 교육 활동의 지속 가능을 위해 학교 교육과정과 지원 프로그램을 집중 평가하고, 관련되는 학교운영 전반적인 평가에 학부모가 참여할 수 있도록 학운위 산하에 조현 교육 소위원회를 운영하였다. 교사, 학부모의 참여로 학교교육 프로그램을 모니터링하고 평가함으로써 지속 가능한 프로그램으로 정착시키고 공감대를 형성하기 위한 것이다.

조현 교육 소위원회 활동

구분	시기 및 횟수	내용	방법
학교 교육과정 설명회	3월	학교운영 전반에 대한 안내 및 설명	학부모 총회
학부모 만족도 조사	7월, 12월	교육과정과 지원 프로그램 등 제반 교육 활동 계획의 목표 달성 여부, 긍정적 측면과 부정적 측면, 개선책 중심의 평가	설문 만족도 조사
프로그램 모니터링	수시	학교교육 활동 전반 모니터링	수시 참관
학부모 평가회	12월 중	교육 내용, 학습 환경 조성, 교육 시설, 교육 자료 구비 등에 대한 개선책 평가	학부모 총회

참여하기

부모님이 여는 '학급 가족 캠프'

일부 학급에서는 부모님들이 나서서 학급 전체 아이들을 위해 6
월에 1박 2일의 캠프를 열었다. 자녀를 위해 학부모 스스로 기획하
고 진행하는 캠프로 학부모, 아이들, 담임교사가 함께 참여하여 여
러 가지 체험 활동과 가족 간 친목도 다지는 활동을 했다. 이를 통
해 담임교사의 교육철학과 학부모의 교육관이 서로 소통하는 기회
가 되었다.

학급 가족 캠프 내용
마음을 여는 공동체 놀이 다큐 영화 감상 하천 생태 조사 가족과 함께하는 야간 산행

함께하는 교육 - '학부모 도우미 교사'

학부모와 교사 간의 상호 협력을 이끌어 내고 학교교육과 수업 활
동에 대한 이해를 돕고 학부모의 자녀뿐만 아니라 아이들의 정서와
문화를 이해하고 학교교육의 이해의 폭을 돕고자 학부모 수업 지원
을 학급별로 자율적으로 운영하였다.

학급별로 학생들의 수업 태도가 좋아졌고 수업에 대한 만족도가
높아졌으며 학부모들이 학교교육 활동에 함께한다는 참여의식이 높
아졌다.

학부모 도우미 교사

구분	대상	방법 및 내용
수업 지원	1학년	체험학습 도우미
	2학년	율동을 통한 신체 표현 수업
	3학년	미술 수업 지원
	4학년	체험학습 학부모 도우미
	5학년	음악 수업 지원(뮤지컬, 만돌린 연주)
	6학년	수준별 영어 수업 지원
생태 학습	전학년	생태학습 모둠별 도우미
독서 지원	전학년	아침 도서실 도우미 여름, 겨울방학 독서 캠프 학년별 동화 읽어주기

교사, 학부모도 공연에 참여한 '조현 가족 축제'

학년별 학부모 공연팀 구성은 학년별 학부모들이 의논하여 자발적으로 구성하게 했다. 연습 시간은 낮 시간은 직장이나 일로 만날 수 없어서 야간에 모여 연습해야 하는 어려움도 있었지만, 어머니회가 적극 나서서 아이들에게 용기를 심어주기 위해 부모들의 적극적인 참여가 필요하다는 것을 설명하여 공연이나 전시에 학부모들이 적극적으로 참여하기로 했다.

학부모 공연 팀은 3개 학년에서 준비가 되었고, 1, 5학년은 학부모 전원이 참석하기로 했다. 비록 야간(저녁 7시~9시)에 힘든 시간을 내서 연습하지만 공연 연습 과정에서 학부모들끼리 단합할 수 있는 계기와 학교 활동에 참여 의지를 높이게 되었다. 2010년 조현 가족 축제에는 학급별 학부모 네 팀과 학부모 동아리(조현밴드)의 공연이 있었다. 조현 가족 축제는 학생들이 학부모에게 보여주는 공연이 아니라 교사, 학생, 학부모가 모두 공연에 참여하는 함께 만들어가는 가족 축제이다.

2008학년도 조현 가족 축제 내용

사업	학부모 참여 방법	운영 내용
동아리 체험 마당	개별 학부모	각 동아리들의 특성을 살리는 마당을 운영 학부모가 준비하는 체험 마당도 함께 운영
음식 바자회	어머니회	가족이 학교에서 함께 저녁 식사
야간 공연	학년별 학부모	학급별로 공연에 전원 참가 학년별 학부모 팀, 교사 팀도 공연 참여
대동 놀이	교사, 학부모, 학생	학생, 교사, 학부모의 대동 놀이
전시	교사, 학부모, 학생	한 해 동안의 활동 결과물을 전시

창조하기

학교, '학부모 일자리 창출'에 나서다

우리 학교는 농촌 작은 학교의 새로운 모델 창출 노력의 하나로 학부모 평생교육의 새로운 운영 방안을 위해 노력하고 있다. 그동안 학교-학부모의 소통, 참여를 기반으로 배움의 기회를 주는 평생교육에서 '생산하는 평생교육'으로 사업의 방향을 전환했다.

주요 내용은 학부모 일자리 창출을 위한 자격증 취득 지원(2010년 독서 지도사 자격 열네 명 취득)과 프로그램 운영, 지역 특성에 맞고, 차별성이 있는 문화예술체험학습장 운영에 참여하도록 지원하여 지속적인 소득 창출과 일자리 확대를 위해 준비하였다.

  학교와 마을 공동 '소득 창출 사업':문화예술체험학습장 운영 구상
  우리 학교 소재지는 용문산 관광단지를 학구로 하고 있으며 용문산 연간 관광객 60~70만 명이 찾아오는 곳이다. 많은 초등학생이 용문산, 용문사로 체험학습을 오지만 체험 시설이 빈약하여 보완이 필요하다. 이 점을 활용하여 양평군과 용문사의 지원을 받아 학교와 마을이 협력하여 농촌 체험 중심의 프로그램과 차별성을 갖는 문화예술체험학습장을 유료로 운영하는 방안을 추진하였다.
  그러나 추진 과정에서 추진 주체의 불명확한 점이 문제가 되었다. 다시 말해 만약 손실이 발생할 경우 그 책임 주체가 마을, 학부모 중에 어느 누군가가 주체가 되어야 하지만 그 부담으로 인해 추진이 중단되어 무척 아쉽다.
  그러나 추진 과정에 참여한 학부모들이 논의 과정을 통해 많은 경험을 한 것과 여전히 학교가 주체로 나선다면 기초단체에서 약간의 행·재정적인 지원만 해주어도 학교를 중심으로 한 학부모, 마을의 소득 창출 사업은 가능성을 가지고 있다고 본다. 따라서 많은 농산어촌 학교가 지역사회에 기여하는 학교 역할의 새로운 모델을 만들 수 있다고 본다.

문화예술체험학습장 운영 개요

	내용
사업 주체	학교, 신점리(조현초 학구), 학부모
사업 장소	용문산 관광단지 내
프로그램(안)	음악, 마당극 / 농촌 문화 연극 놀이 / 전통 백일장 재현 / 애니메이션 제작 체험 / 친환경 농산물 요리 체험 / 놀이 체험 / 기타 문화예술
운영 시기	2010년 3월부터 운영
운영 대상	수도권 초등학생
운영 예산	학교 예산 및 지자체 지원

교사의 자발성 지원

교원의 자주성을 높여 우리 교육의 새로운 모델을 만들기 위해 학교에서 지원하는 주요 내용은 학년 담임 전담제, 교무행정 업무 경감 (교감, 교무 보조 공문 전담)이나 방학 중 근무 면제, 담임 보조 인력 활용, 위임 전결 규정 활용, 학교운영에 교사들의 참여를 높이는 일과 자율성을 존중하는 일 등이다. 그 가운데 학년 담임 전담제를 소개하면 다음과 같다.

[학년 담임 전담제]

1. 목적

학년 교과 연구의 질적인 향상과 학습 자료의 축적으로 교사의 전문성을 향상시키고 학년 초 업무를 경감한다.

2. 방침

(가) 한 교사가 4년 동안 동일한 학년 교육과정을 계속 운영한다.

(나) 교육과정과 학생 상담의 전문성 신장과 같은 학년의 아동 발달 단계의 이해, 학습 자료의 누가철, 교재 교구를 100% 확보한다.

3. 운영 내용

(가) 전 교사를 대상으로 2008년도부터 2011년까지 4년 동안 1~6학년 중 1개 학년을 연속적으로 담임을 맡는다.

(나) 매년 학년 교육과정의 수정과 재구성, 교과별 수업 모델 적용, 학습 자료와 학습지 개발, 학습준비물 완비, 학년별 필독 도서 및 교과 관련 도서 구비, 교과과정의 지역화 및 특성화 완성으로 학년의 전문성을 신장시킨다.

목숨 걸고 공부하는 기간?

11월 초 메모에 '학력'이란 말을 적었는데 아마도 이때 우리 선생님들과 학력을 어떻게 볼 것인가라는 논의가 있었던 것 같다.

7월 전국적으로 6학년 학업성취도 평가가 있었다. 학업성취도 평가는 처음에는 국가나 도교육청 차원에서 일제고사식으로 치러오다가 평가의 획일성, 사교육 증가, 학생들이 암기식, 문제 풀이식 공부로 창의성이 떨어진다는 지적에 따라 몇몇 학교를 표집하여 실시했다. 그 표집된 학교 성적만으로도 전국의 지역별 학생 학력에 대한 정책을 충분히 수립할 수 있기 때문이다. 그러다가 현 정부 들어와서 다시 일제고사를 부활시켜서 여러 문제를 낳고 있다.

전국의 많은 학교들이 초등학생을 저녁 8시까지 야간 학습을 시키거나 고등학교처럼 아침에 0교시 수업을 하기도 했다. 경기도 동두천 모 초등학교는 교문에 "필승, 6학년 목숨 걸고 공부하는 기간"이라고 적은 현수막을 걸기도 했다. 그 시간에 하는 일은 반복해서 문제집을 푸는 일이다.

이러한 암기식, 문제 풀이식 공부가 좋다고 말하는 대한민국의 교원들은 없을 것이다. 그동안 이러한 교육을 극복하는 과정이 우리나라 교육 개혁의 방향이었고 전 세계가 다 그렇게 한다. 그러나 이 학업성취도 평가 점수를 학교별로 공개하겠다고 하니 울며 겨자 먹기 식으로 어느 학교 현수막처럼 목숨 걸고 문제 풀이를 하는 것이다.

교장은 선생님에게 부담을 주고, 선생님은 시험을 자주 쳐서 성적을 가정에 보내고, 시험지를 받은 학부모는 아이 성적을 올리려고 학원에 보내고… 그 틈바구니에서 아이들만 스트레스를 받게 된다.

"스트레스를 받고 힘들지만 그래도 아이들 성적이 오른다면 좋은 게 아닐까? 특히 국, 영, 수를 잘해야 좋은 대학도 갈 수 있으니 국, 영, 수 중심으로 더 집중하여 공부시켜야 되지 않을까?"

나는 이 말이 틀린 말은 아니라고 본다. 그러나 그것이 전부여서는 안 된다.

지금 아이들이 성장하여 어른이 되었을 때 사정은 많은 학자들이 끔찍할 정도라고 말한다. 흔히 88만 원 세대라고 말하는 비정규직이 넘쳐 나는 세상을 살게 될 거라고 한다. 그나마 비정규직이라도 얻는 것도 다행인 세대일 수 있다.

이 아이들에게 국, 영, 수 중심의 점수가 어떤 의미가 있을까? 1980년대 후반부터 학교에 컴퓨터가 조금씩 보급되기 시작했는데 그때까지 컴퓨터 관련 직업은 거의 없었지만 지금은 관련 업체, 일자리가 많아졌다. 새로운 직업이 생긴 것이다. 이걸 생각하면 지금부터 20년 후 어떤 새로운 직업이 생길지 알 수 없다. 그러니까 국, 영, 수 성적으로만 살아갈 수 없는 새로운 능력을 요구하는 것이다. 그 능력은 각자가 시대의 변화에 따라 창의적으로 대처하도록 학교는 아이들에게 미래를 살아갈 능력을 길러줘야 한다.

얼마 전 행정고시를 폐지한다고 했고, 사법고시도 폐지의 수순을 밟고 있다. 시험 점수 중심의 인재 선발 방식은 우리 아이들이 어른이 되었을 때는 많이 변할 수밖에 없다. 변하지 않는다면 우리나라 장래가 문제가 될 것이다.

그래서 국, 영, 수도 중요하지만 국, 영, 수가 아닌 능력을 가진 아이도 학교에서 동등한 가치로 배려해야 한다. 또 우리는 어린 시절 공부를 못하거나 문제아였던 아이가 어른이 되어서 전혀 딴판인 경우를 주변에서 보고 있다. 외국의 경우 아인슈타인, 스티브 잡스, 오바마도 그런 경우다. 우리 아이들도 얼마든지 그럴 가능성이 있다고 믿고, 그걸 찾아 주는 것이 진정한 교육이라고 생각한다.

그리고 진정한 실력은 아이들이 스스로 할 수 있는 능력을 키워 주는 것이지 주입하는 것이 아니다. 그리고 교실에 앉아 교사에게 일방적으로 듣고 쓰는 공부가 아니라 오감을 통하여 학습해야 한다. 우리 학교에서 다양한 활동 중심의 수업이 많은 이유다.

우리 학교는 학생을 이렇게 보고 있다.

"아이들은 누구나 자주성이 있고, 자신만의 장점을 지니고 있다. 아이들 삶의 변화는 배움과 생활의 감동에서 온다. 감동을 주는 교육은 아이들에 대한 신뢰와 열정으로 이루어진다."

교사들이 흔히 하는 이야기가 있다.

"봄에 꽃을 심고 물 주는 당번은 보통 공부 잘하는 아이들을 시킨다. 그런데 비가 오는 날에도 그 아이는 꽃밭에 물을 준다."

암기식 공부에 익숙한 아이들은 융통성이 없다는 것을 말해주는 일화다.

또 이런 말이 있다.

"물고기를 잡아 주면 하루의 식량이지만, 잡는 방법을 가르쳐주면 평생의 식량이 된다."

학력이란 말은 점수가 아니다. 물고기 잡는 방법을 아는 것이고, 잡고 싶은 의욕을 가지는 것이고, 끊임없이 실패를 반복하면서 깨달 아가는 능력이다. 곧 살아가는 힘이 학력이다. 이런 관점으로 조현의 교사들은 우리 아이들을 만나고 있다.

5.

혁신학교 수업:
삶을 가꾸는 수업을 위하여

왜 시작했는가?

1990년대 고등학교의 교실 붕괴에 대해 20년이 지난 지금까지 철저하게 검토하지 못했다는 생각이 든다. 앞서 시대의 변화와 아이들의 변화에 대한 이야기에서 그 원인에 대해 일부 의견을 적었지만, 충분하진 못한 것 같다.

어쨌든 1990년대 교실 붕괴가 지금도 여전하고 중학교를 거쳐 초등학교 5, 6학년 교실까지 확산되었다.

일부 초등학교의 사례를 보면 아이들이 담임에게 대놓고 욕을 퍼붓거나 교장이 교실에 들어가 이야기를 해도 교실을 마음대로 돌아다니고, 쉴 새 없이 반항적 말대꾸를 하는 아이들, 싸우고 왕따 시키는 아이들을 꾸중했더니 투신하겠다고 5층 옥상으로 올라가고, 한반의 많은 여자아이들이 조직적으로 담임을 무시하고 담임에게 반발하고 욕을 퍼붓는 경우도 있다. 이런 문제들은 교사들의 자존심 혹은 수치심 때문에 바깥으로 알려지지 않아서 그렇지 학교나 지역에 따라 정도의 차이는 있을지라도 상당히 확산되어있다.

여기서 이런 의문을 갖는다. 학생의 학교생활 90% 이상이 수업이고 교사와의 만남도 90% 이상이 수업을 통해 이루어진다. 그렇다면 초등학교 시절 1학년부터 6학년에 이르기까지 수없는 수업 시간은 이 아이들에게 약이었을까? 약효 없는 약인가?

학교에서 예절 교육을 강조하고, 기본 생활 습관을 강조하고 그와 관련한 행사도 있었는데 결국 아이들의 문제인가? 학교는 그 문제에서 자유로운가? 수업과 인성 지도(생활지도)는 별개의 문제이고, 서로 다른 영역인가? 또 다른 모든 교육 활동과 인성은 서로 분리되어 있는가?

전인교육을 한다는 것은 결국 수업을 통해서 한다는 것 아닌가? 수업을 통해서 지식이나 정보 학습은 물론 인성, 창의성, 진로교육은 불가능한가? 수업이 인성, 창의성, 진로교육을 포함하고 있다면 갈수록 아이들의 삶이 생기 있어야 하는 게 아닌가? 인성이나 창의성, 진로교육은 프로젝트, 협동학습이나 배움의 공동체와 같은 학습 방법으로 가능한가?

전인교육으로서 수업은 어떠해야 하는가? 수업의 본질을 바라보는 관점이 우선일까? 방법이 우선일까? 수업은 교육과정, 즉 교육 내용, 수업, 평가와 별개인가? 별개가 아니라면 교육 내용과 평가는 어떻게 관련되는가? 수업의 혁신이라면 교육 내용의 재구성이나 평가의 혁신과 함께 갈 문제가 아닌가? 아이들의 삶을 가꾸기 위해서는 수업에 앞서 교육 내용의 혁신이 우선 아닌가?

학교 교육과정은 교육목표, 교육 내용, 수업, 평가로 이루어진다. 교육목표와 내용은 그 학교의 철학과 아이들의 삶을 담는 것이고, 특히 교육 내용(교과서)은 아이들의 삶을 가꾸는 것으로 매우 중요하다. 그러나 수많은 교과와 내용, 수업이 있음에도 왜 문제 아이들은 여전한가? 이 질문은 내용 구성과 수업에 문제가 있다는 것이다. 핵심적인 것은 지나치게 지식, 기능 중심이거나 수업 역시 기능적이었다는 비판을 벗어나기 어렵다는 점이다.

따라서 학교의 교육 내용과 수업, 평가는 아이들의 참삶을 가꾸는 데 기여하도록 면밀히 검토해야 한다. 우리 학교의 교육과정과 조현 수업 만들기와 평가 시스템은 참삶을 가꾸는 데 기여하는지를 살펴본다는 측면에서 '조현 수업 만들기-삶을 가꾸는 수업'이란 이름으로 이 문제에 대한 해답을 찾고자 했다.

'조현 수업 만들기-삶을 가꾸는 수업'의 핵심은 우리 학교 선생님들의 수업관으로 공동 연구, 공동 실천을 통해 '아이들이 보다 의미 있게 성장하도록 돕는 교육 내용의 재구성', '활동 중심, 아동 중심의 협력적인 배움과 나눔의 수업-지적, 정의적 능력 고루 배려', '감동이 있는 수업'을 수업 장면에서 항상 염두에 두는 것이다. 좀 더 자세한 내용을 계획서를 통해 알아보면 다음과 같다.

왜 삶을 가꾸는 수업인가?

수업은 당연히 방법이나 기능이 아닌 삶을 가꾸는 일이지만 많은 수업들이 학습 방법, 발문 요령, 자료 투입, 학생들의 학습 태도 등의 기술적인 면으로 보는 경향이 있다. 수업의 몸은 교육과정이라고 볼 때 수업은 교육 내용과 평가와 연계되어있고, 교육 내용에 생명을 불어넣는－아이들의 지적, 정의적 성장을 돕는－몸의 기관 역할이 수업이고, 평가는 몸의 건강 상태 점검 혹은 건강을 증진하는 역할을 하는 것이다.

그렇다면 삶을 가꾸기 위한 수업을 위해 교육 내용은 아이들 삶에서 보다 의미 있는 내용으로 구성되어야 하며 수업의 주체는 아이들이어야 하고, 수업은 아이들의 다양한 활동 중심이어야 한다. 활동 과정에서 학생－학생, 교사－학생 간의 협력적인 배움과 나눔이 필요하며 수업의 과정에서 지적 능력, 정의적 능력이 길러지도록 배려해야 한다.

수업을 통한 삶의 변화를 위해서는 깨달음, 만족감, 성취감, 감화 등의 감동적인 요인이 있어야 하며 수업 평가를 통해 감동의 구체화와 발전이 이루어져 가치의 내면화가 이루어지도록 해야 한다.

수업, 무엇이 문제인가?

그동안 수업의 문제점은 자료 준비, 학습 방법, 아이들의 발표 요령, 교사 발문, 태도 등에 지나치게 집중하는 협소한 관점의 문제를 취했다는 데 있다. 그리고 수많은 학습 방법이 유행처럼 지나갔으나 교육 내용과 평가에 대한 진전은 부족했다. 외국의 수업 방법에 경도

되어있어 우리나라 교육 여건과 학생의 여건에 맞는 수업에 대한 탐구가 부족한 점도 들 수 있다.

수업을 교육과정의 한 부분으로 생각하여 무엇을 가르칠 것인가에 대한 고민이 필요한데도 어떻게 가르칠 것인가에 초점을 두었다. 이는 교사의 철학이나 관점, 교육과정에 대한 교사의 자율권이 미흡한 것과도 관련이 있다. 특히 보여주기 위한 수업 중심이어서 일반화하기 어렵고, 기획된 수업이어서 아이들이 기능적인 활동에 치우쳐 있다는 지적도 있었다.

그동안 우리나라에서 많은 교사들이 관심을 가졌던 수업을 개괄해 보면 90년대 초 초등을 중심으로 활발한 움직임을 보였던 열린교육이나 그 이후 협동학습, 배움의 공동체 등은 구성주의 철학을 바탕으로 한 학습 원리나 형태이며, 중등을 중심으로 PCK(Pedagogical Content Knowledge, 내용 교수 지식)는 열린교육, 협동학습, 배움의 공동체와는 달리 수업의 전문성 관점에서 접근한 것이다.

열린교육이나 배움의 공동체, 협동학습은 본질에서는 구성주의 철학이면서도 강조점에 따라서 특징적인 면을 갖고 있다. 열린교육은 학교 체제, 교육과정(교육 내용, 수업, 평가), 학교 문화 등 포괄적인 변화를 요구하는 것이었지만, 우리나라에서는 초등에서 수업의 문제로 국한되어 전개되었다. 배움의 공동체는 수업 개혁을 통해 학교 개혁-수업을 중심으로 한 학교 개혁-을 주창하지만 90년대 초등 수업에 열린교육이 전반적인 학교 개혁으로 이어지지 않은 것으로 봐서 부분의 변화로 전체의 변화를 유도하는 것이 어렵다는 것을 알 수 있다. 협동학습은 프로젝트 학습이나 팀티칭, 토픽 학습처럼 하나의 학습 형태로서 교실 안의 수업에 치중하고 있다. PCK의 특징은 배움의 공동체, 협동학습이 일종의 교수법의 성격이 강한 데 비해, '내용 지식'이라는 것이 추가되어있다.

열린교육

90년대 초중반, 초등을 중심으로 한 개성화, 개별화, 개방화, 다양성, 창의성, 공동체 지향의 운동이었다. 절차적 민주주의가 신장되고, 산업의 구조 변화가 이루어진 우리의 90년대 상황이 이미 외국에서 70~80년대에 이루어진 열린교육을 수용하게 만들었다. 그러나 열린교육의 지향은 다양한 내용의 교실, 학교를 가능하게 할 수 있었으나 열린교육의 수업 형태에 많은 교사들이 집착하게 되면서 열린교육의 지향보다는 방법에 치우쳤다. 사실 열린교육 고유의 수업 형태란 것은 없다. 다만 그 지향을 이루기에 적절한 다양한 기존의 수업 형태-직소수업Jigsaw, NIE, 프로젝트, 토픽 수업 등-를 모은 것이라고 봐야 한다.

협동학습

열린교육에서 소개되고 활용된 직소수업이 협동학습의 한 형태였고, 협동학습을 수업의 주요 형태로 활용하는 경향이 열린교육 이후에 나타났으나 그 지향에서 열린교육과 본질적인 차이는 없다. 협동학습 모형으로 직소 모형, 성취 과제 분담 모형, 팀 경쟁 학습 모형 등 다양한 모형이 있으나, 각 모형별로 다양한 기능과 방법이 사용된다. 열린교육이 방법에 치우쳐서 문제가 된 것처럼 협동학습도 기능과 방법에 치우칠 가능성이 많고, 모든 교과나 차시에 적용하기 힘들어 일반적인 수업 활동으로 보편화되기 어려운 점이 있다.

배움의 공동체

사토 마나부 교수의 학교 개혁의 핵심으로서 '공공성'과 '민주주의' 원칙을 기반으로 학교를 아이들이 서로 배우면서 함께 성장하는 장소, 교사들이 전문가로서 서로 배우는 장소, 학부모와 시민이 학교의 교육 실천에 참가하고 연대하며 함께 배우는 장소로 하자는 운동이다. 학교교육은 지식과 배움의 양보다도 질이며 결과보다도 과정이 주목되어 효율성보다도 발전성이 중요하다고 보며 이를 위해 활동 시스템(수업에 집중할 수 있는 학교 시스템)의 개혁을 주장한다.

열린교육, 협동학습과 지향은 유사하나 기능이나 방법에 치우지지 않은 장점이 있으며, 수업 개혁을 위해 교사 중심이 아닌 교원, 학부모, 학생이 서로 배우고 성장하는 것을 주장하고, 수업 개혁을 통해 학교를 개혁한다는 관점을 가지고 있다.

PCK(Pedagogical Content Knowledge, 내용 교수 지식)

교사의 수업 전문성의 핵심은 지도하는 데 적절한 교과 내용과 방법적 지식으로 나타나는 내용 교수 지식(PCK, Pedagogical Content Knowledge)으로 본다. 교사 지식을 구성하는 7가지 지식 기반의 하나로, 내용 교수 지식을 교과 내용 지식, 일반 교수법 지식, 교육과정 지식, 학습자에 대한 지식, 교육적 상황에 대한 지식, 교육의 철학적·역사적 목적에 대한 지식과 함께 제시하기도 한다.[Shulman, 1987]

또 교수 활동에 대한 지식 기반을 지닌 교사는 교과 내용을 학생들이 이해할 수 있는 형태로 변환시키며 이때 교사는 구체적인 교과 내용 맥락에 맞추어 교수 지식을 변경함으로써 고유의 내용 교수 지식을 개발하게 된다. 따라서 내용 교수 지식은 교과 내용 지식, 교수법 지식 및 상황에 대한 지식과 신념 등 교사 지식을 구성하는 다른 영역들로부터의 지식들이 변형된 결과로 보기도 한다.^{곽영순, 2007}

열린교육, 협동학습, 배움의 공동체와 다른 점은 교사의 관점에서 교육 내용과 그에 적절한 교수법을 함께 고려하는 것을 수업 전문성의 핵심으로 본다는 점이다.

우리 교육에서 수업의 지향

앞서 살펴본 우리나라 여러 수업의 흐름은 나름대로 매우 의미 있는 것이다. 그러나 문제는 수많은 수업들이 아이들의 삶을 어떻게 변화시켰느냐 하는 것이다. 앞서 '왜 시작했는가?'에서 제기한 문제에 충분히 답할 수 있다고는 보지 않는다. 다만 우리 교육 현실을 고려할 때 다음과 같은 수업의 지향이 있어야 한다고 본다.

아이들의 삶과 수업

아이들은 스스로 성장할 수 있는 힘이 있다. 수업은 스스로 성장할 수 있는 아이들을 격려하고 고양시키는 일이다. 아이들은 자기만의 장점이 있고, 그 장점이 학습과 생활에서 격려받을 때 살아가는 힘을 가지게 된다. 수업은 한 아이가 가진 장점을 최대한 표현하도록 하는 일이다.

삶을 가꾸는 일은 '아는 것' 이상으로 '느끼는 것'과 '행동하는 것', '창조하는 것'이 중요하며 수업은 이것을 중요시해야 삶을 가꾸는 역할을 할 수 있다.

학교교육 내용의 획일성 극복

국가 수준 교육과정의 세밀화와 국정 교과서의 영향으로 획일적인 교육 내용의 수업이 문제가 된다. 교사가 재구성하여 가르치면 해결되지만, 재구성할 역량의 축적, 수업에 전념할 여건이 마련되지 않아서 획일적인 수업이 진행되고 있다.

이것을 극복하기 위해 학교 교육과정의 학교별 다양화가 시도되는 것이 우선이다. 일부에서 수업이 학교 개혁의 핵심이라고 보지만, 우리나라의 경우 학교 교육과정의 개혁이 우선이다. 그다음으로 수업을 개혁하거나 이 둘을 병행해야 한다.

학교 개혁에서 학교 교육과정이 핵심이라는 말은 교육과정이 포함하고 있는 '교육목표', '교육 내용', '수업', '평가'를 아우르는 개념이다. 그러나 수업이 학교 개혁의 핵심이라는 말은 자칫 수업 방법의 측면이 강조될 수 있고—사실 열린교육이 그랬다—교육목표, 교육 내용과 평가가 등한시될 수도 있다. 교육과정에서 교육 내용이 방법(수업)을 결정하는 것이지 방법(수업)이 내용을 결정하는 것은 아니다.

무엇을 가르칠 것인가에는 사회의 변화, 학생의 변화와 요구, 학생들의 삶에 보다 의미 있고 흥미 있는 내용과 학생들이 길러야 할 역량이 반영되어야 한다. 획일적인 교과서는 시대의 변화에 적절하게 대응할 수 없고, 지역이나 학생 개인에게 역동적인 경험을 줄 수 없고 학습의 흥미도 떨어뜨릴 수 있다.

'교육 내용'의 선정은 교사의 철학, 지역사회나 학생들의 여건에 따라 다양할 수 있지만, 보다 의미 있는 내용 선정을 위한 노력에서 교사가 성장하고, 더불어 학생들의 성장을 가져온다.

지나친 양적 평가 지양

점수화되는 객관식 평가는 수업을 획일적, 일제식, 암기식 수업으로 왜곡한다. 역으로 획일적, 일제식, 암기식 수업은 객관식 평가를 중심으로 하게 된다. 또 교육 내용 선정에 따라 수업 방법이 결정되고 그 내용과 방법에 맞는 평가로 이어져야 한다. 그러나 우리는 그 역의 경험을 많이 했다. 수능, 논술, 본고사처럼 대학 입시(평가) 제도에 따라서 학교의 교육 내용과 수업이 영향을 받았다.

삶을 가꾸는 수업은 무엇을 강조하는가?

조현초에서 추구하는 삶을 가꾸는 수업에서 강조하는 것은 우선 교육 내용의 재구성이다. 학교 교육과정(학년 교육과정) 전체의 재구성이 가장 바람직하나 수업을 통해서 단원이나 차시의 내용을 아이들의 삶에 보다 의미 있는 내용으로 재구성하는 것이다. 수업을 통한 교사와 학생의 성장은 교육 내용 재구성 과정과 수업의 과정에 있다.

보다 의미 있는 교육 내용을 준비하는 과정에서 교사 역시 삶과 세상을 어떻게 볼 것인가라는 질문을 하게 되고, 학생들은 그 내용을 통해 삶, 세상과의 '만남'을 구성해간다. 여기서 '보다 의미 있는 내용'이란 아이들에게 관심과 호기심을 자극할 수 있는 구체적이고 생생한 삶의 내용, 비판력, 문제 해결력, 창의력, 자기 주도적 능력, 의사소통 능력 등을 기를 수 있는 내용, 자존감, 성취 욕구, 도전 의식, 봉사와 공헌 등의 정의적, 사회적 능력을 기를 수 있는 내용, 아이들의 삶에 감동을 줄 수 있는 내용을 말한다.

다음으로 학습 주체는 아이들이라는 당연한 사실이다. 따라서 수업은 아이들의 활동(체험) 중심이어야 하고 아이들이 서로 협력하면서 배우고 나누는 삶의 장이어야 한다. '나눔'은 서로 다른 생각의 만남이며 '배움'은 자기 생각을 만들어가는 과정이다. 수업은 시행착오─다른 표현으로 지속적인 도전─의 연속이며 이것은 삶을 가꾸는 중요한 요소다. 또 수업 과정에서 인지적, 지적, 정의적 능력이 길러지도록 계획해야 한다. 이 점은 매우 중요하다. 삶을 가꾸는 힘은 지적 능력과 함께 정의적 능력이 길러질 때 가능하다. 그리고 수업을 통해 삶의 변화를 가져오기 위해서 가장 중요한 것은 '감동'이다. 이 감동에는 깨달음, 만족감, 성취감, 감화, 희열, 연민, 동정, 공감 등이 있다.

마지막으로 수업은 학교 교육과정 개혁과 연계될 때 힘을 가진다. 수업은 학교 교육과정이란 맥락에서 검토되어야 하며, 학교 개혁의 한 요소이다. 전반적인 학교 개혁은 수업을 포함한 학교 교육과정의 개혁이다. 그리고 학교(학급, 교과) 교육과정 개혁의 주체는 교사 자신이다.

이런 관점에서 진행되는 '조현 수업 만들기 – 삶을 가꾸는 수업'의 분석표를 소개하면 다음과 같다.

조현 수업 만들기 수업 분석표

영역	주요 내용	분석 관점	평점 5	4	3	2	1	의견
준비		조현 수업 만들기에 대한 이해와 공감이 충분했는가?						
교육 과정 재구성	학습 목표	아이들 삶과 밀접하며 교사의 철학이 반영된 재구성인가?						
		아이들의 수준에 적절한 것인가?						
	내용 준비	재구성된 학습 내용이 아이들 삶에 유익하며 수준 높은 내용(자료)인가?						
		학습 내용 구성이 아이들에게 명료하게 전달되는가?						
	학습 방법	학습 내용에 적절한 학습 방법을 사용하는가?						
		아이들이 학습 방법에 익숙한가?						
		수단으로서 학습 방법이 목적이 되진 않았나?(기능 중심 수업)						
	학습 활동	아이들이 학습 활동에 적극 참여하는가?						
		아이들이 학습을 통해 상호 소통하고 배움이 이루어지는가?						
		아이들이 학습에서 상호 협력적인가?						
		교사는 협력적 배움을 유도하는가?						
		아이들 주도, 활동 중심의 학습인가?						
		아이들이 학습 과정을 통해 감동(만족, 성취감, 발견, 깨달음)을 얻었는가?						
	조현 오름길	학습 과정에서 교사, 친구들로부터 격려를 받고 있는가?						
		아이들이 자신을 표현하고 인정받을 기회를 갖는가?(칭찬, 인정 등)						
		학습에서 소외받는 아이들을 배려하는가?						
	정의적 능력	학습 과정을 통해 학습 흥미나 호기심을 가지는가?						
		자기 주도적인 학습 능력을 가지는가?						
		아이들의 성취 욕구가 강한가?						
수업 평가	학습 목표 도달	학습 목표 도달 정도는 바람직한가?						
		평가 방법이 적절한가?						
		아이들의 수업 만족도가 높은가?						
참여		조현 수업 만들기에 공동 책임감을 갖고 참여하는가?						
종합 의견		조현 수업 만들기에 공동 책임감을 갖고 참여하는가?						

여러 수업 흐름과 어떻게 다른가?

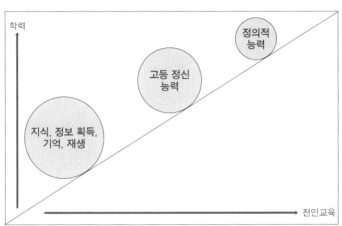

학력의 왜곡과 전인적 성장 지체 요인

앞의 표는 왜곡된 학력과 항상 제기되는 전인교육의 문제가 어디서 발생하는가를 정리한 것이다. 지적 능력(지식, 정보의 획득, 기억, 재생+고등 정신 능력)과 정의적 능력이 고루 성장할 때 학력이 높다고 볼 수 있다. 그런데 우리의 경우 호기심, 도전 의식, 성취 욕구, 가치나 태도 등의 정의적 능력이 수업에서 소외되고 있다. 그 결과는 PISA(국제학업성취도평가)에서 자아인식도, 흥미도 등이 다른 국가에 비해 현저히 떨어지는 걸 봐도 알 수 있다.

수업에서 정의적 능력이 소외되는 것은 전인교육에도 지장을 준다. 정의적 능력이 높아져야만 전인교육의 지향에 가깝게 다가갈 수 있다. 따라서 수업은 위의 관점을 보완할 수 있는 교육 내용 재구성과 평가와 함께 일관성 있는 관점의 전환이 필요하다. 한마디로 학교 교육과정의 혁신 속에서 수업의 역할을 찾아야 한다.

삶을 가꾸는 수업도 구성주의 철학을 바탕으로 한다는 점에서 열린교육, 배움의 공동체의 지향과 같다. 그러나 수업의 기능이나 방법이 아닌 내용 중심이고, 삶을 가꾸는 수업에 중점을 둔다는 점에서 열린교육, 협동학습과 차이를 갖는다. 이는 배움의 공동체가 정의적 능력에 대해 소홀히 한다는 점의 보완이기도 하다. 수업을 교육과정(교육 내용, 수업, 평가) 차원에서 바라본다는 점과 교육 내용의 재구성과 학습 과정에서 감동의 요소를 중요시한다는 점에서 차이가 있다. PCK는 수업 전문성 신장 관점에서 내용 지식을 다루고 있지만, 단순한 배경지식이 아닌 교사의 철학이 담긴 재구성이라는 점에서 차이가 있다.

삶을 가꾸는 수업은 특정 학습 형태나 방법을 갖지 않고 내용에 따른 자연스러운 방법과 형태를 적용한다. 다시 말해 삶을 가꾸는 수업은 학습관이지 학습 방법이나 형태가 아니고, 공동 연구와 공동 실천을 통해 교사들의 성장과 학생의 성장을 함께 이루고자 한다.

혁신학교는 우리나라 교육의 문제점에 대한 대안, 즉 공교육 정상화를 위한 시도다. 그런 점에서 혁신학교에서 수업은 왜곡된 아이들의 삶의 문제와 그것을 가져온 우리 교육에 대한 성찰을 전제로 한다. 그러하기에 수업을 방법으로 보지 말고 관점 정립을 우선으로 하는 것이 바람직하다.

새벽노을을 보면서

오늘 새벽, 방문을 여니 하늘이 온통 붉었다. 눈을 비비면서 운동
장으로 나갔다.

새벽노을! 아침 해가 뜨기 전 붉은 몸짓, 뜨거운 꿈틀거림!

사진을 찍고 방으로 들어와서 새벽노을 사진과 함께 마무리 글을
쓰고 싶었다.

사실 이 글을 시작할 때는 지금까지 4년간의 일들을 정리할까 했
는데 사정상 그건 무리라는 생각이 들어 이 글로 마무리를 해야겠다.

지금까지 글들은 그동안 4년간 운영되었던 우리 학교 프로그램을
만들기까지 배경이나 과정을 생각나는 대로 적은 것이다.

모든 것은 변한다. 세상이 그렇고, 아이들이 그렇다. 학교의 교육
내용이나 활동도 당연히 변해야 한다. 그런 점에서 4년간 운영되고

있는 우리 학교 프로그램도 언젠가는 변해야 하고 변할 것이다. 그러는 동안 더 나은 프로그램이 되도록 교사는 물론 학부모도 함께 노력할 것이다.

지금 이 시점에서 4년간의 교육 활동을 되돌아본다. 4년! 그리 짧은 시간은 아닌 것 같은데 1년 정도 지난 것 같은 느낌이다. 무엇보다도 그 시간 속에서 아이들의 변화를 생각해본다.

사실 조현에서 4년은 내 교직 생활 30여 년에서 경험하지 못했던 아이들의 모습을 봤다. 보통 학교에서 문제나 어려움을 겪을 거라고 생각하는 아이들이 짧게는 3개월 길게는 6개월이면 긍정적으로 변하는 모습은 정말 감동적이다. 농담 삼아 "우리 학교 터가 좋다"라고 말하지만 우리 선생님들의 열정과 학부모의 신뢰, 아이들의 변화를 위한 학교 프로그램의 결과는 아닐지 생각해본다.

들뜬 아이가 차분해지는 모습, 표정이 어둡거나 화난 표정의 아이가 밝고 따뜻해지는 모습, 자신감이 없던 아이가 당당해지는 모습, 행동이 다소 거친 아이가 다소곳해지는 모습, 문제 행동이 아주 줄어들고 오히려 다른 친구들을 도와주는 모습….

더 많은 아이들이 긍정적으로 변할 수 있는 건강한 삶의 텃밭으로서 조현초가 되는 것. 그건 우리 학교 선생님들뿐만 아니라 학부모님들도 마찬가지일 거라고 본다.

이제 지금까지의 교육 내용과 활동의 성과와 문제점을 바탕으로 새로운 그림을 그릴 준비를 해야 한다. 뜨겁게 꿈틀거리는 새벽노을, 붉은 몸짓으로 새로운 역사를 만들 준비를 할 시간이다. 그 그림을 그릴 주인은 우리 선생님들과 학부모님들 모두이다.

6.

조현 교육 성과와 과제

4년에 걸친 학교운영의 성과를 측정하기 위해서는 시작 단계부터 평가 계획이 구체적이어야 하지만 사전 평가 계획이 철저하지 못한 점이 많은 아쉬움으로 남는다. 그러나 다른 사람들에게 보여줄 수 없지만 우리가 눈으로 보고 듣고 겪은 다양한 성과를 말할 수 있다.

조현 교육의 성과를 몇 가지 지표, 중앙 언론에 보도된 우리 학교, 다른 사람들의 눈으로 본 평가, 교장으로서 관찰한 4년 동안 아이들의 변화를 여기에 소개하고자 한다. 교장으로서 성과를 이야기하기가 객관성을 유지할 수 있을지 걱정되어 자세하게 적는 것이 부담이 된다. 그래서 개략적이고 간단한 내용들로 정리하고자 한다.

조현 교육 성과 지표

1. 2009학년도와 2010학년도 기초학력 미달 학생 비교

	국어	사회	수학	과학	영어
2009학년도	5	2	1	4	1
2010학년도	0	1	0	0	0

2. 학업성취도 변화 비교

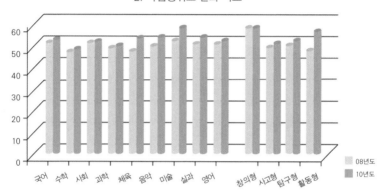

* 6학년 학업성취도평가의 경우, 08년 대비 09년은 향상, 09년 대비 10년은 저하, 08년 대비 10년은 향상으로 나타났다. 08년은 양평군 평균 이하, 09년은 평균 이상, 10년은 다시 평균 이하 성적이었다. 우리 학교는 학년 전담제로 계속 같은 담임이 동일한 프로그램의 학습을 진행했다. 그렇다면 당해 학년의 학생의 변수도 있다고 본다.

3. 다중 지능 지수 변화 비교

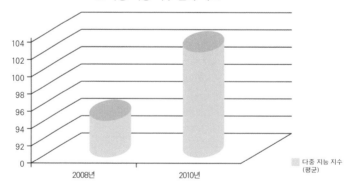

* 2010년 4학년을 대상으로 08년 2학년 때 실시한 다중 지능 검사 비교

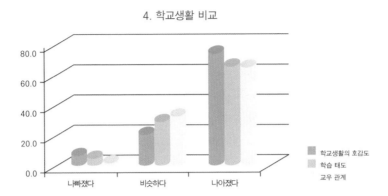

4. 학교생활 비교

- 학교생활의 호감도
- 학습 태도
- 교우 관계

* 2009년 6월 학생 설문조사

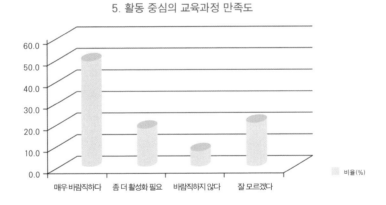

5. 활동 중심의 교육과정 만족도

- 비율(%)

* 2010년 1학기 학부모 만족도 조사

6. 학급, 학생 수 변화 추이

	2007.09.01	2008.03.01	2009.03.01	2010.03.01	2011.03.01
학급 수	6	6	6	8	11
학생 수	98	106	124	168	232

4년간 언론에 보도된 조현초-중앙 언론

차례	언론사	보도일자	보도 제목
1	조선일보	11.06.12	사회+과학… 지리+역사+예술…'융합형 교과 교육'이 뜬다
2	한겨레	11.05.30	학생 입에서 '가고 싶은 즐거운 학교' 말할 수 있도록
3	EBS	11.05.27	EBS 뉴스
4	주간동아	11.05.09	아이가 행복한 학교, 전학 오려고 줄 서네요
5	위클리경향	10.12.07	교장 선생님은 혁신학교가 싫으신 거죠?
6	신동아	10.09.24	[밀착취재] 경기도교육청 혁신학교 1년의 실험
7	한국일보	10.09.07	'경쟁보다 칭찬' 참교육의 정답을 찾았다
8	오마이뉴스	10.08.20	소문 자자한 혁신학교, 조현초교를 가다
9	한겨레	10.08.01	경기도 혁신학교 '행복한 걱정'
10	경향신문	10.07.12	[혁신학교를 가다] (4) 경기 양평 조현초 자연 벗 삼아 배움 나눔 체험 '큰 꿈 가꾸는 생태학습' 실현
11	KBS1	10.02.16	시사기획10 - 선생님, 선생님, 우리 교장 선생님
12	중앙일보	10.01.23	'맞춤 교육'의 마술, 시골 마을에 주택 신축 붐
13	위클리경향	10.01.07	[커버스토리] 혁신학교의 '작은 실험' 성공할까
14	오마이뉴스	09.12.05	"그 학교로 전학가고 싶어요" 인기짱 비결
15	MBC	09.09.22	PD수첩 - 행복을 배우는 작은 학교들
16	KBS1	09.07.01	수요기획 - 다빈치 프로젝트(조현초 문화예술교육 활동 사례)
17	서울경제신문	09.05.07	작가와의 만남 등 다양한 체험교육(도시서 전학 줄 잇는 양평 조현초등학교)
18	OBS (경인방송)	09.04.29	생방송 투유 '학교가 희망이다'(시골 학교의 유쾌한 반란 양평 조현초등학교)
19	KTV (정책방송)	09.04.07	생방송 정보와이드930' 정책포커스'
20	우리교육	08.12	경기 양평 조현초 - '삶의 여러 가지 맛을 보게 하는 학교'
21	농어민신문	08.11.20	희망이 자라는 농촌 학교 '낡은 교육 방식 탈피, 아이들 숨은 재능 끌어내다'
22	시사IN	08.11.11	대안교육의 대안은 공교육 개혁(조현초 교육과정)
23	중앙일보	08.11.05	수학+논술 '교과 융합 교육' 유명 학원 뺨쳐
24	연합뉴스	08.08.05	양평 시골 학교 조현초교 성공 스토리
25	연합뉴스	08.07.24	양평 시골 학교 개구쟁이 골퍼와 스님 코치

교사, 학부모 반응

교사 조경남

"(중국으로 떠나기 전에는) 그저 농촌 학교에서 볼 수 있는 무력감 같은 것이었다고 생각합니다. 뭔가를 할 줄 몰라서 방황하는 그런 모습이었어요. 의사 표현은 안 하고 싶고, 막연히 놀고 싶은 마음….

숙제 지도를 할 때도 굉장히 힘들었습니다. 숙제라는 것도 안 하고 싶어 하고, 필요성도 못 느끼고, 공부도 하자고 하면 뭘 꺼내야 할지 몰라서 어디서부터 시작해야 할지 막막했어요.

그러고 나서 (중국을) 갔다가 와 보니까 혁신학교 (2년차에) 우리 애들을 만났는데 표정들이 다 살아있어요. 각자의 개성이 하나하나 살아있어요. 그래서 매우 놀라웠어요. 애들이 하고 싶은 게 많아요. 호기심도 많고 아이들 특유의 그런 것들 있죠. 다 있어요."

학부모 민들레

"전에는 서울의 K구에 살았다. (나리는) 평형감각에 문제가 있다고 한다. 언어 발달도 느리고 지능도 떨어진다. 전 학교에서는 아이를 바라보는 시선이 문제였다. 그래서 이곳으로 전학 오기 전에 학교를 알아보고 있었는데, 언니가 이 학교를 알려 주었다.

이곳으로 온 후 애가 바뀌었다. 전학한 후 2~3주 후 애를 보고 놀랐다. 복도에서 저 멀리에서 걸어오는 담임선생님을 보고 달려가서 안겼다. 나는 이제 됐다고 생각했다."

학부모 봉숭아

"올 3월 전학 왔다. (중략) 지난해 8월쯤 우연히 방송에서 이 학교 학생들이 문화 활동을 하고 있는 장면을 보고 괜찮다는 인상을 받았다. 작년 10월 아이 아빠, 할머니와 함께 와보고, 교장 선생님과 상담을 하고 결정하였다. 서울 K구에서 살았는데 도시의 경쟁 생활, 틀에 박힌 생활이 싫었고 자연에서 애들을 키우고 싶은 생각도 있었다. (중략) 이곳으로 전학 온 후 아이들이 즐거워하고 생활에 만족해한다. 큰아이는 내성적이었는데 활발해지고 개방적으로 변하고 있다. 이 학교의 수업은 주는 수업이 아니고 찾아가는 수업이다. 그리고 학생들에게 부담을 주지 않는 수업이다."

학부모 진달래

"처음에는 잘 모르고 왔다. 와서 보니까 교과뿐만 아니라 예술, 체험학습은 다른 학교와 비교할 수 없을 정도로 좋았다. 그것을 여기 와서 알았다. 도봉이는 그 전에는 친구와 친한 사이가 아니었다. 여기 와서 친구 사이가 원만해졌다.

우리 애는 생물에 관심이 많았다. 연못에서, 논에서, 산에서 밤도 따 먹고, 장점을 말하자면 너무 많다.

애가 어떤 행동을 하면 (이 학교는) 그 원인을 애한테서 찾는 것이 아니고 애의 주위 환경을 보게 한다. 애가 문제가 있을 때 우선 우리를 되돌아보고 부모가 바뀜으로써 (애를) 바뀌게 해준다.

내가 옛날에는 학원 강사였다. 종합 학원, 여기 와서 '참교육'이 무엇인지 알게 되었다. 문제지를 학교 홈페이지에 올려놓는다. 시험 문제도 보여준다. 단순히 지식을 묻는 것이 아니라 생각하게 한다. 시험 문제만 봐도 선생님의 성의가 느껴진다.

큰애는 딸인데 주는 대로 받는 애다. 큰애가 여기 와서 크게 달라진 것은 스스로 공부를 하려고 한다는 것이다. 예습 복습 분량을 알맞게 내준다. 매 시간 수업을 예습 복습할 수 있도록 한다. 다른 학교보다 수업 시수가 적으니까 (교과 시수의 약 50%) (학부모들이) 걱정하는데 주어진 시간이 짧은데도 불구하고 공부량은 많다. 설명 위주, 주입식 수업이 아니기 때문에 공부량이 적지 않다. 그래서 학부모들에게 6학년 수업 계획을 보여주면 이렇게 꼼꼼하게 가르치는가 하고 동요를 일으키는 학부모가 있다."

＊학부모명은 가명임
_동국대 박부권 교수의 〈교육적 진정성과 소통 성취－조현초등학교 사례 연구〉에서 발췌

조현의 4년 성과와 과제

4년을 돌이켜 보면 아쉬움이 남는다. 처음 조현에 올 때 내 생각은 프레네 학교나 헬레네 랑에, 발도로프 학교처럼 조현초가 우리나라 초등학교의 대안이 될 디딤돌을 놓는다는 생각이었다. 충분한가를 생각하면 4년 동안에 이룰 목표로는 너무 큰 욕심이었는지 모른다. 그러나 조현초가 여기까지 올 수 있었던 것은 우리 학교 선생님들이 흘린 땀이 밑거름이 되었기 때문이다.

이제 4년이 끝나고 새로운 4년을 맞게 된다. 함께했던 동료들이 지금까지 성과와 문제를 진단하여 새로운 조현을 다듬어갈 것이다. 그것으로 위안을 삼으며 조현초의 4년을 되돌아본다. 그 초점은 어떠한 계량적 지표로는 나타내기 힘든 학생, 학부모의 변화를 주관적인 평가의 위험성 때문에 간단하게 느낌 수준으로 말하려고 한다.

학생들의 변화

4년 동안 내가 경험한 학생들의 긍정적인 변화는 내 교직 생활 중 처음이면서 과연 이렇게 변할 수 있는가를 스스로 의심하기도 했다. 한두 명이 아니라 다수의 학생들이 눈에 보일 정도로 긍정적으로 변하는 모습, 그것도 6개월에서 1년이란 단기간에 일어나는 변화였다.

조현초에 처음 부임했을 때 아이들의 일부 모습은 무기력하거나 화난 얼굴, 욕설, 싸움 등 여느 학교에서 볼 수 있는 그런 모습이었다. 어느 날 6학년 교실에 들어갔더니 한 남자아이가 너무 시끄럽게

떠들어서 조용히 하자고 했더니 나를 째려보았다. 지금도 그 눈빛이 지워지지 않는다. 그러나 지금 아이들은 다른 학교 학생들과 캠프를 하고 돌아오면 왜 아이들이 욕을 그렇게 많이 하느냐고 나한테 물을 정도다.

ADHD 아이들이나 틱 현상이 있는 아이들이 6개월 만에 눈에 띠게 변하는 모습을 지금까지 내 교직 생활에서 경험한 적이 없다. 여러 요인으로 정말 문제가 될 것만 같은 아이들이 학년이 올라가면서 건강하게 변하는 모습, 자존감이 떨어지거나 교우 관계가 원만하지 못한 아이들이 변하는 모습을 보고 나는 물론 우리 선생님들도 대단한 성취감을 느꼈다.

그 이유가 무엇일까를 선생님들과 논의해본 적도 있는데 나는 우선 우리 선생님들의 건강한 교육철학과 열정 때문이라고 본다. 어쩌면 우리 선생님들의 불행(?)을 먹고 아이들은 행복하게 자란다는 생각이다.

다음으로 우리 선생님들의 교육철학을 지속적으로 뒷받침할 수 있는 교육과정을 꼽을 수 있다. 교육 내용의 재구성, 수업, 평가에서 경쟁이 아닌 협력, 지식과 기능 중심, 교사 중심에서 아이들의 정의적 능력은 물론 자존감이 살아 있도록 배려하는 활동이 그것이다.

마지막으로 우리 학교 지향에 대한 학부모들의 높은 동의 수준이다. 학교나 담임교사의 교육 방향에 대해 학부모의 동의가 높다는 것은 학생들에게 학교나 교사의 교육력이 충분히 작용한다는 것이다. 따라서 학생들의 건강한 변화가 촉진될 수밖에 없다.

우리나라 학교교육이 어떻게 바뀌어야 하는지 조현의 아이들을 대상으로 변화 과정을 기록하면서 정리가 되었으면 하는 생각도 든다. 그 작업을 조현초 2기가 해주었으면 하는 기대를 품고 있다.

학부모의 변화

우리 학교에는 많은 전입 학부모들이 있다. 대략 원주민 30%, 이주민 70% 정도로 볼 수 있다. 그리고 전입 학부모 중 서울을 포함한 수도권에서 전입한 학부모가 99%에 이른다. 양평 지역에서 전입 오는 학생은 극히 소수다.

여기서는 개별 학부모의 변화를 이야기하는 것이 아니라 학부모회의 역할 변화 과정을 이야기하고 싶다. 4년 전 어머니회가 있었다. 처음 어머니회는 학교에서 요구하는 일이나 아이들의 행사가 있을 때 뒷바라지하는 일이 주된 역할이었다. 이런 역할에서 학부모가 교육 내용으로 참여하는 것이 가장 적극적인 참여이고 소통이라고 생각하여 임기 내에 이런 역할로 발전시켜야 한다는 목표를 갖고 있었다. 그러기 위해 가장 우선되는 것은 학교가 학부모에게 신뢰를 받는 일이었다. 2008학년도 상반기가 지나자 학부모들은 학교의 변화에 대해 어느 정도 체감하게 되었다. 그 무렵 전학생도 오고 언론에서도 우리 학교 교육 활동을 보도하기 시작했다.

학교와 학부모 사이에 신뢰 관계가 형성되고 어머니회는 학급별로 아이들을 위한 1박 2일의 캠프를 두 학급에서 진행하는 것을 봤다. 모든 기획과 준비, 진행을 학부모님들 손으로 추진했다. 또 전입 온 학부모님들도 여러 방법으로 참여하여 내용을 풍부하게 하는 데 도움을 줬다. 2008년에는 학교 축제에 세 학급의 학부모님들이 한 달

정도의 연습을 거쳐 공연에 참여했다.

이러한 힘을 바탕으로 2009년에 어머니회에서 학부모회로 조직 전환을 하면서 좀 더 학교 참여를 체계적으로 할 수 있었다. 학부모회 대의원회는 학급 대표와 학부모 동아리 대표로 구성되었고, 학급별 학부모 모임도 활성화되었다. 어떤 학급은 한 달에 한 번씩 전 가족이 모이는 행사를 추진했고, 학급별로 형태는 다양하지만 모임을 통해 소통하는 모습이 나타났다.

이러한 진전은 2010년을 거치면서 발전되어 이제 2011학년도에는 학부모회가 스스로 기획, 추진하는 사업들이 많아졌다. 학부모회가 기획하고 추진하는 사업으로 '전입 학부모를 위한 연수', '학부모 체육대회', '학부모 아카데미', '학부모가 여는 여름학교', '학급별 1박 2일의 캠프(희망 학년)', '조현 가족 축제 공연 참여', '학부모 학급 지원 교사', '학교신문 제작', '학부모 족구대회' 등 다양한 사업을 자체 기획, 추진하게 되었다. 앞으로 좀 더 발전하면 학부모의 자체 힘으로 우리 학교 교육과정을 운영할 힘을 가질 수 있다고 본다.

지금도 교과 활동에 부분적으로 참여하지만 학부모의 전문성을 살려 교육과정화하고 교원과 학부모가 만들어 가는 학교가 되는 것이 바람직하다고 본다. 지금 그것을 위해 한 걸음 내딛었다고 본다. 이 정도의 학부모회 변화는 학교와 교사들에 대한 신뢰, 조현초가 지향하는 가치나 비전에 대한 동의 없이는 어려웠을 것이다. 앞으로 조현초를 만들어가는 당당한 주체로서 학부모의 역할이 모범적인 사례로 남을 것으로 기대한다.

앞으로의 과제

조현초가 그동안의 경직되고 획일적인 학교교육을 극복하면서 지속 가능한 대안으로 자리 잡기 위해서는 핵심적인 몇 가지 과제가 있다고 본다.

1. 재구성된 조현 교육과정 9형태의 이론 체계 및 학년별 프로그램의 질적 수준을 보완하는 것이다.
2. 학교 교육과정의 지향에 맞게 학년, 학급 교육과정을 창의적으로 재구성하는 것이다. 교사의 내용 결정권, 교사별 평가권과 함께 이루어져야 할 과제라고 본다.
3. 학생 개개인이 여러 분야에서 수월성을 갖도록 지도 프로그램을 정교화하는 것이다.
4. 학생 개인의 변화 과정을 기록, 정리, 검토하는 일이다.
5. 조현 교육의 지속을 위해 학부모가 교육과정에 참여하는 것을 확대하고 예산을 안정적으로 확보하는 것이 중요하다.
6. 조현초의 가치나 비전에 대한 교사들의 지속적인 연수가 필요하며 교사들이 교육과정에 전념할 수 있도록 획기적인 업무 경감 방안을 주어진 조건에서 검토해야 한다.
7. 조현초의 가치나 비전, 교육 내용을 중심으로 한 학부모와의 소통을 더 강화해야 한다.

또 조현초를 비롯하여 경기도의 혁신학교가 혁신학교로서 보다 명확한 정체성을 갖기 위해서는 다음과 같은 과제들이 있다.

|교육 내용|

- 교사별 교육 내용 결정권 강화 : 교과서에 의존하지 않고 학교별, 교사별로 재구성된 교육 내용
- 지역, 학교, 학생 여건에 따른 교육과정 편성 운영의 유연성 : 학교별 특성이 반영된 교육 내용 재구성, 시수 운영의 유연성
- '창의 지성 교육과정' 운영

창의 지성 교육의 지향점

영역	문제점	지향점
교육 내용	지식, 기능 중심	가치 지향과 고등 정신 능력 배양
	단편적, 분과 학문적 지식	통합적, 융합적 역량
수업	강의식, 암기식	독서, 토론, 프로젝트 등을 통한 자기 생각 만들기
	교사 중심	다양한 활동을 통한 학생 배움 중심
	정의적 능력 소홀	정의적 능력 중시
평가	객관식, 단답식 결과 중심, 일제고사	서술, 논술형 수행평가 중심, 교사별 평가

|수업|

- 왜곡된 학력관(양적 평가 중심/국영수 중심/지식, 기능 중심/입시 중심)을 극복할 수 있는 통합적 학력관에 의한 수업 관점 갖기

※통합적 학력관(창의 지성) : 지적 능력+정의적 능력

- 교육과정의 일환으로 수업이 교육 내용, 평가와 일관성 및 연계성 갖기

- 창의 지성 교육에 적합한 배움과 나눔의 수업을 통한 '자기 생각 만들기'

|평가|
- 획일적 교육 내용 = 획일적 수업 = 획일적 평가를 극복할 수 있는 급별 사정을 고려한 교사별 평가
- 서열, 분류가 아닌 격려와 성장, 자기 생각 만들기의 평가
- 정기적 평가(중간, 기말고사)에서 상시 평가 및 질적 평가로 전환 (수행평가)
- 통합적 학력관 반영을 위한 정의적 능력 평가 도입
  ※ 정의적 능력 : 호기심, 성취 욕구, 도전 의식, 자기 조절 능력, 가치와 태도, 책임과 협동 등

이러한 것들은 조현초가 4년간 지속해온 것이기도 하지만 항상적으로 진행되어야 할 것이거나 더 강화되어야 할 것들이다. 조현초 2기 역시 이러한 문제에 대해 그동안 논의가 진행된 것이 있으니 공감하리라 본다. 조현초 2기의 힘찬 출발과 앞으로의 변화를 생각하면 처음 올 때처럼 다시 가슴이 설렌다.